建筑
美术
上

梁从诫
— 编 —

林徽因集

增订本

中国大百科全书出版社

图书在版编目（CIP）数据

林徽因集 . 建筑　美术 . 上 / 林徽因著；梁从诫编 . —
增订本 . — 北京：中国大百科全书出版社，
2023.10
　　ISBN 978-7-5202-1394-3

I. ①林… II. ①林… ②梁… III. ①林徽因（1904-1955）—文集
②建筑学—文集 ③美术—文集 IV. ① Z427

中国国家版本馆 CIP 数据核字 (2023) 第 131389 号

出 版 人：	刘祚臣
策 划 人：	王一珂　曾　辉
责任编辑：	王一珂
营销编辑：	王　廓　易希瑶
责任发行：	绳　蕴
责任印制：	魏　婷
装帧设计：	今亮後聲 HOPESOUND 2380590616@qq.com ・张今亮　王秋萍
出版发行：	中国大百科全书出版社
地　　址：	北京阜成门北大街 17 号　邮政编码　100037
电　　话：	010-88390969
网　　址：	http://www.ecph.com.cn
印　　刷：	北京天工印刷有限公司
开　　本：	889 毫米 ×1194 毫米　1/32
印　　张：	13.875
字　　数：	300 千字
印　　次：	2023 年 10 月第 1 版　2023 年 10 月第 1 次印刷
书　　号：	ISBN 978-7-5202-1394-3
定　　价：	356.00 元（《林徽因集》全套）

本书如有印装质量问题，可与出版社联系调换。

《林徽因像》
　手工钢版雕刻：李学军

一九二四年秋,林徽因在美国宾夕法尼亚大学学生证上所用的照片

一九二五年,林徽因在美国宾夕法尼亚大学学生证上所用的照片

一九二六年,林徽因、梁思成与陈植(后左)等在美国

留学期间，林徽因（左二）与陈植（右一）、陈意（左一）等在美国

留学期间,林徽因(左二)与陈植(右一)、陈意(左一)等在美国

留学期间，林徽因与梁思成（右二）、陈意（右三）、陈植（右四）、孙熙明（右五）、杨廷宝（右六）在美国

留学期间，林徽因与杨廷宝（左一）、梁思成（左二）、陈意（左四）、孙熙明（左五）、赵深（左六）在美国

留学期间，林徽因与杨廷宝（右一）、陈植（右二）、陈意（右四）、孙熙明（右五）、赵深（右六）在美国

留学期间，林徽因与赵深（左一）、孙熙明（左二）、梁思成（左四）在美国

留学期间，林徽因与梁思成（左一）、吴文藻（左四）、陈意（左五）、陈植（最前者）、杨廷宝（右一）等在美国

一九二七年三月，梁思成、林徽因身着中国传统服饰在美国宾夕法尼亚大学参加古装庆典暨建筑系舞会

一九二七年，林徽因与梁思成在美国宾夕法尼亚大学

一九二七年,林徽因在美国宾夕法尼亚大学

一九二七年二月十二日，即将毕业于宾夕法尼亚大学的林徽因、梁思成（后左）、陈植（后右）与 Lewis R. Dick（前中）的拼合照

一九二七年六月,林徽因在美国宾夕法尼亚大学毕业时留影

一九二八年，林徽因、梁思成自美国经欧洲返国途中

一九二九年，林徽因与梁思成测绘沈阳北陵（清昭陵）

一九三〇年，林徽因等东北大学教师在沈阳北陵（清昭陵）正红门前合影。右一梁思成，左一蔡方荫

一九三二年，林徽因在北平郊区杏子口北崖石佛龛考察

🌱 一九三三年三月二十一日，林徽因（左十二）、梁思成（左八）、胡适（左十五）、朱启钤（右八）等在李诚诞辰八百二十三周年纪念会上

一九三三年九月,林徽因在前往山西大同考察古建筑途中

一九三三年九月，林徽因与刘敦桢（右）、莫宗江（左）在前往山西大同考察古建筑途中

一九三三年九月，林徽因与刘敦桢（中）、莫宗江（左）在前往山西大同云冈石窟的路上

一九三三年九月,林徽因在山西大同云冈石窟考察

一九三三年九月，林徽因在山西大同云冈石窟考察

一九三三年九月，林徽因在山西大同云冈石窟考察

一九三三年九月，林徽因与梁思成（右）在山西大同云冈石窟考察

一九三三年九月，林徽因与刘敦桢（中）、莫宗江（右）在山西大同云冈石窟考察

一九三三年九月,林徽因在山西考察,途径大同观音堂

一九三三年十一月，林徽因在河北正定县开元寺钟楼梁架上测绘

一九三三年十一月，林徽因在河北正定县文庙牌楼石狮旁

一九三四年春，林徽因（中）、梁思成（左一）带领南下的东北大学建筑系学生（时就读于中央大学建筑系）赴蓟县独乐寺考察途中

一九三四年夏，林徽因、梁思成一行在去往山西考察古建筑途中

一九三四年夏，林徽因在山西考察古建筑途中

一九三四年夏,考察途中的林徽因

一九三四年夏，林徽因在太原晋祠圣母殿前鱼沼飞梁上

一九三四年夏，林徽因在山西文水县开栅镇圣母庙正殿考查

一九三四年夏，林徽因在山西汾阳县小相村灵岩寺考察

一九三四年夏，林徽因在山西汾阳县小相村灵岩寺考察

一九三四年夏,林徽因在山西孝义县吴屯村东岳庙考察

一九三四年夏，林徽因在山西霍县北门外石桥上

一九三四年夏,林徽因在山西霍县文庙大成殿考察

一九三四年夏，林徽因与费慰梅在山西

一九三四年夏，林徽因与费慰梅在山西

一九三四年夏，林徽因与费正清、费慰梅在山西

一九三四年夏，林徽因与费正清、费慰梅在山西

一九三四年夏，林徽因与梁思成在山西考察途中

一九三四年夏，林徽因与梁思成（右）、费慰梅（左）在山西赵城县广胜寺上寺飞虹塔前

一九三四年夏，林徽因在山西峪道河磨坊写作

一九三四年十一月，林徽因在浙江武义延福寺大殿梁上测绘

一九三四年十一月,林徽因在浙江武义延福寺大殿测绘

一九三四年十一月,林徽因在浙江武义延福寺考察

一九三四年十一月，林徽因在南京栖霞山石窟考察

一九三五年夏，林徽因、梁思成在天坛祈年殿陛陛下

一九三五年夏，林徽因、梁思成与勘查人员在天坛祈年殿陛區下

一九三五年，林徽因、梁思成（左二）与费慰梅（右三）等朋友在北平

一九三六年五月，林徽因、梁思成一行在河南洛阳龙门石窟药方洞前考察

一九三六年五月，林徽因在河南洛阳龙门石窟药方洞南侧考察

一九三六年五月，林徽因在河南洛阳龙门石窟奉先寺卢舍那大像龛普贤菩萨、阿难尊者像前考察

一九三六年六月，林徽因在河南开封繁塔测绘

一九三六年六月，林徽因在山东历城考察民居途中

一九三六年六月,林徽因与梁思成在山东历城考察民居途中

一九三六年六月，林徽因在山东历城神通寺考察四门塔及佛像

一九三六年六月，林徽因测绘山东历城神通寺千佛崖

一九三六年六月，林徽因在山东历城神通寺塔林测绘

一九三六年六月，林徽因在山东滋阳兴隆寺塔测绘

一九三六年六月，林徽因在山东滋阳兴隆寺塔测绘

一九三七年五月，林徽因考察陕西西安大雁塔

一九三七年五月，林徽因在陕西耀县药王庙测绘

一九三七年五月,林徽因赴敦煌途中(后未成行)在陕西耀县一片罂粟花中留影

一九三七年六月，林徽因在陕西榆次永寿寺雨花宫大殿测绘

一九三七年六月，林徽因在陕西榆次永寿寺前殿测绘

一九三七年夏,林徽因在考察古建筑途中

一九三七年七月，林徽因（近处经幢下背影）在山西五台县佛光寺测绘

一九三七年七月，林徽因在山西五台县佛光寺文殊殿旁测绘唐乾符四年经幢

一九三七年七月,林徽因在山西五台县佛光寺测绘唐乾符四年经幢

一九三七年七月，林徽因在山西五台县佛光寺大殿仰望佛像

一九三七年七月，林徽因在山西五台县佛光寺供养人宁公遇塑像前

一九三七年七月，林徽因在山西五台县佛光寺祖师塔上檐

一九三七年七月，林徽因与莫宗江（上）在山西五台县佛光寺后山墓塔前

一九三七年七月,林徽因在山西台怀镇塔院寺考察

一九三七年七月，林徽因在山西台怀镇清凉石前

一九三七年七月，林徽因在山西台怀镇显通寺铜塔前

一九三九年秋，林徽因与女儿梁再冰在昆明龙泉镇棕皮营村自己设计建造的住宅前

一九四三年，林徽因在四川李庄家中的病榻上

一九五〇年，林徽因与清华大学建筑系教师在系馆（旧水利馆）合影。
后排左起：李宗津、周卜颐、王君莲、郑孝燮。

一九五〇年，林徽因与营建系部分师生合影

一九五〇年,林徽因与清华营建系首届毕业生合影。左起:张德沛、钟炯恒、虞锦文、林徽因、丁培良、杨秋华、黄畸民、朱自煊

一九五〇年,林徽因与梁思敬(右)在工作中

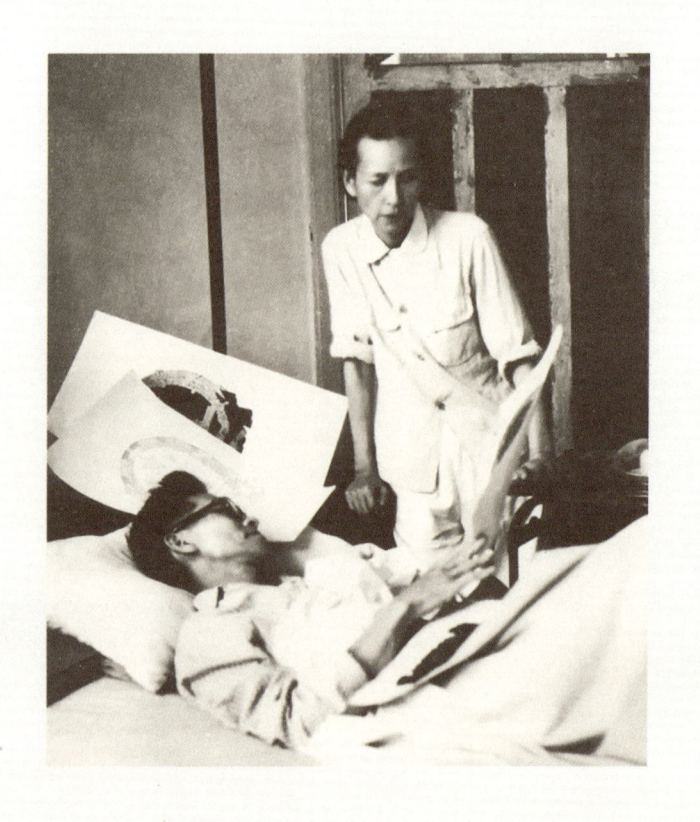

一九五〇年，病中的林徽因、梁思成在讨论国徽设计方案

一九五二年九月十四日，林徽因与梁思成在家中会见英国建筑师斯金纳

二十世纪五十年代初,林徽因与梁思成在清华大学新林院

一九五三年，林徽因在颐和园景福阁

林徽因墓

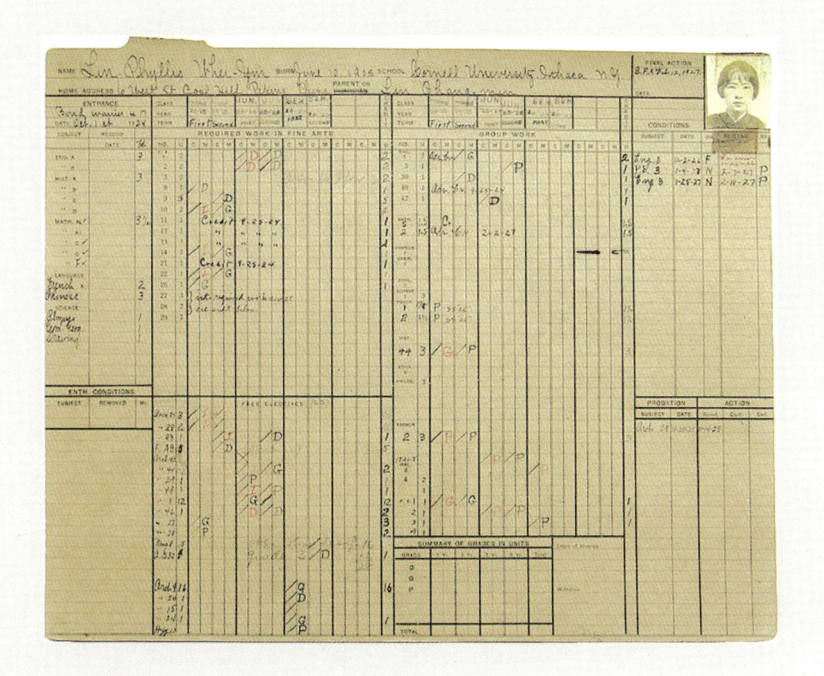

一九二七年，林徽因在美国宾夕法尼亚大学的成绩单

林徽因耶鲁大学舞台设计学习笔记

一九三二至一九三三年建成的北平仁立地毯公司铺面及其内景（梁思成、林徽因建筑事务所设计）

一九三五年建成的北京大学地质馆（梁思成、林徽因建筑事务所设计）

一九三五至一九三六年建成的北京大学女生宿舍（梁思成、林徽因建筑事务所设计）

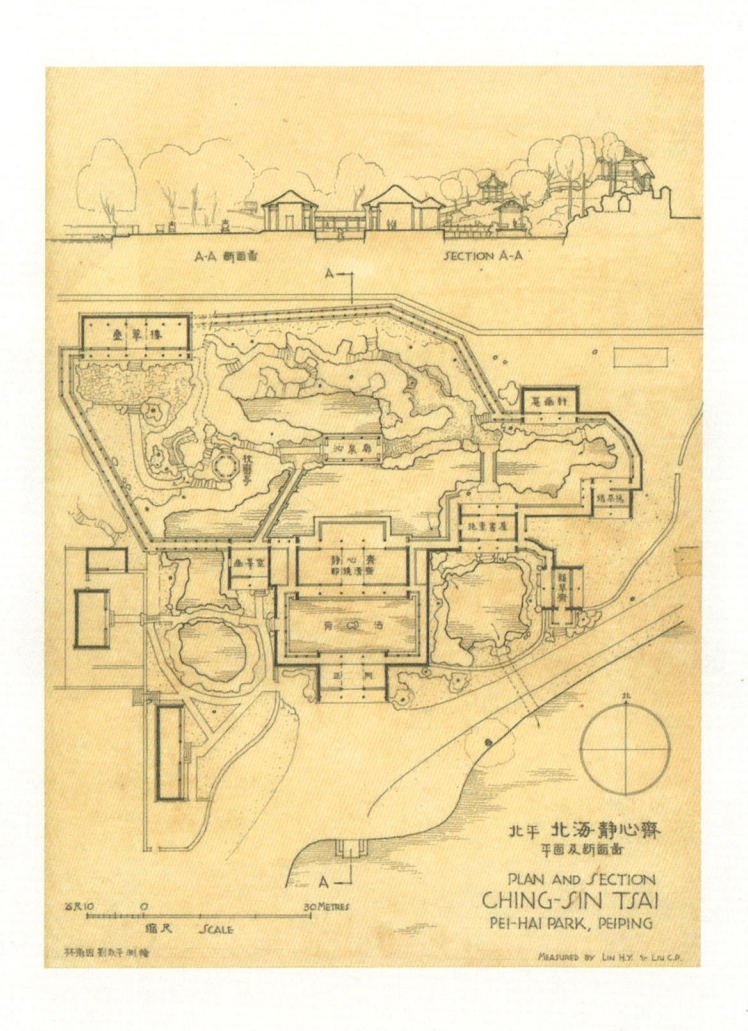

一九三六年五月，林徽因率刘致平、麦俨曾等测绘的北海静心斋

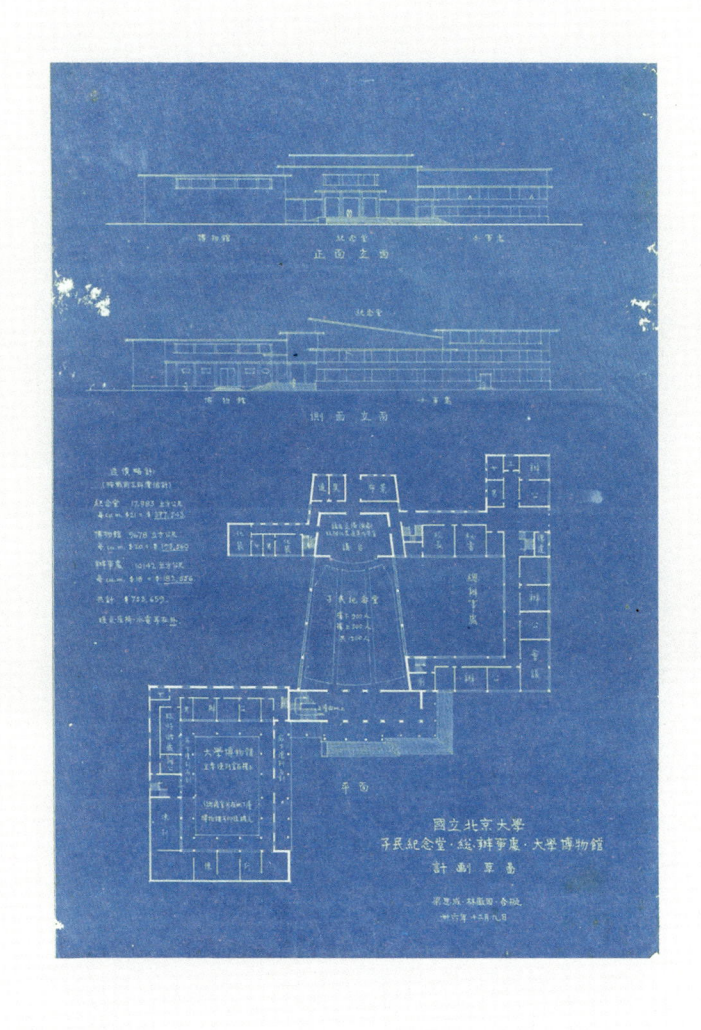

一九四七年十二月九日，梁思成、林徽因合拟的国立北京大学子民（蔡元培）纪念堂、总办事处、大学博物馆计划草图

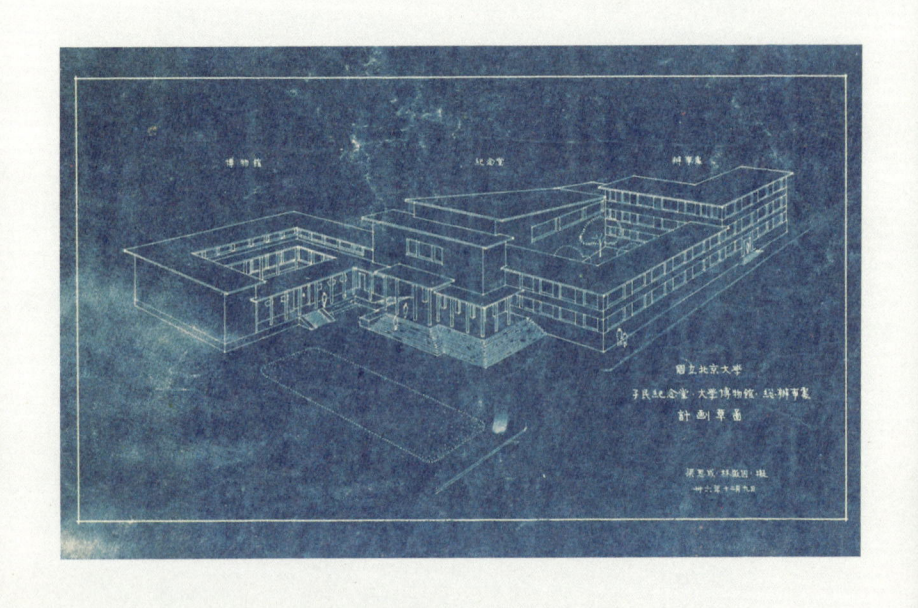

一九四七年十二月九日，梁思成、林徽因合拟的国立北京大学孑民（蔡元培）纪念堂、总办事处、大学博物馆计划草图

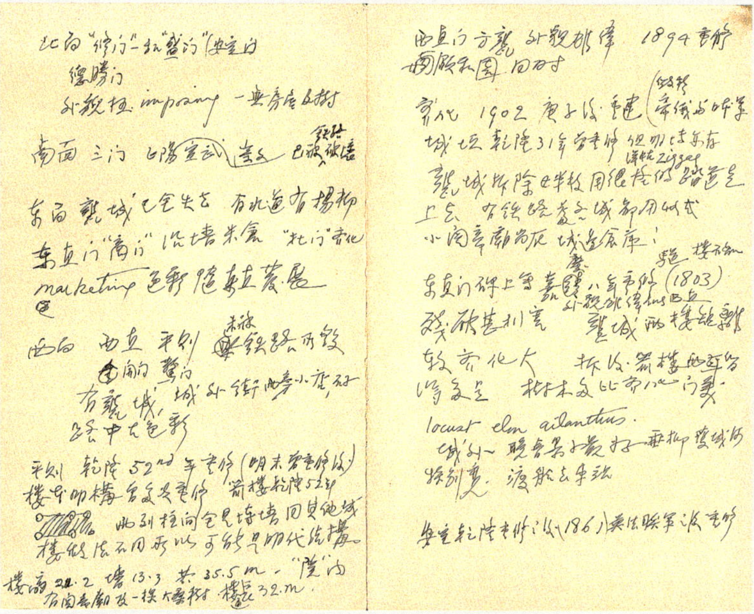

林徽因建筑笔记手稿（内容无法清晰辨识）

林徽因《关于〈中国建筑彩画图案〉的意见》手稿

林徽因《关于〈中国建筑彩画图案〉的意见》手稿

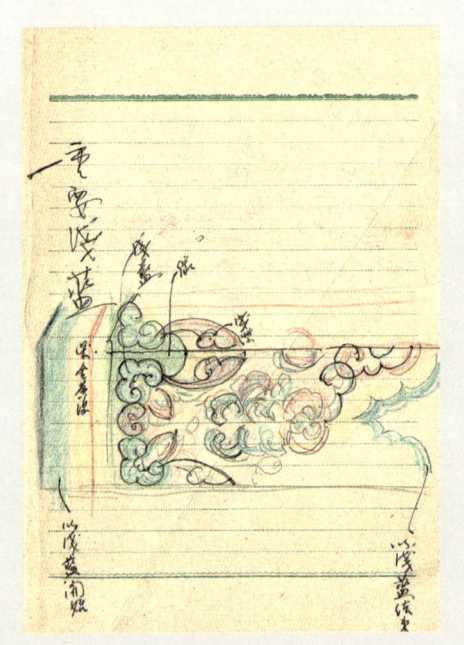

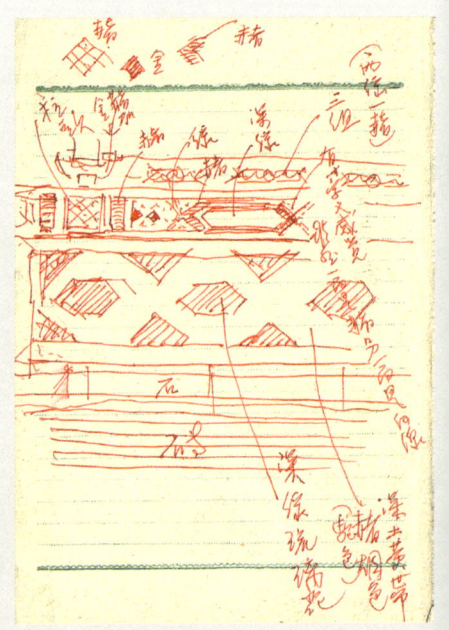

林徽因《关于〈中国建筑彩画图案〉的意见》手稿

林徽因《敦煌边饰初步研究》手稿

林徽因手绘东西方建筑边饰图样手稿

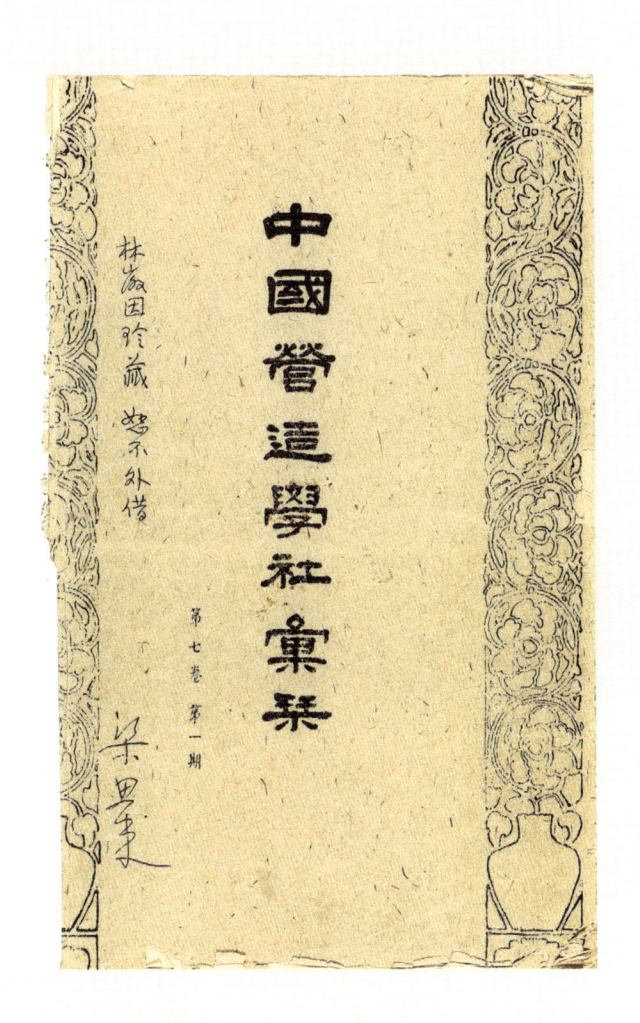

林徽因珍藏的《中国营造学社汇刊》第七卷第一期

左 《城市规划大纲》(梁思成、林徽因为其作序,一九五一年十月龙门联合书局初版)

右 《苏联卫国战争被毁地区之重建》(梁思成、林徽因译,一九五二年五月龙门联合书局初版)

《新观察》(一九五二年第十一期,林徽因在该期发表了《我们的首都》系列文章的最后一篇《故宫》)

建築學報

2

1954

《建筑学报》(一九五四年第二期,林徽因与梁思成、莫宗江联名在该期发表了论文《中国建筑发展的历史阶段》)

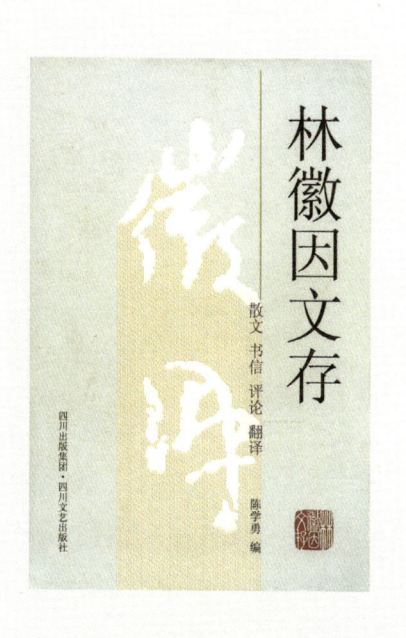

❀ 上左 《林徽因文存·诗歌、小说、戏剧》（陈学勇编，二〇〇五年四川文艺出版社初版）

上右 《林徽因文存·散文、书信、评论、翻译》（陈学勇编，二〇〇五年四川文艺出版社初版）

下 《林徽因文存·建筑》（陈学勇编，二〇〇五年四川文艺出版社初版）

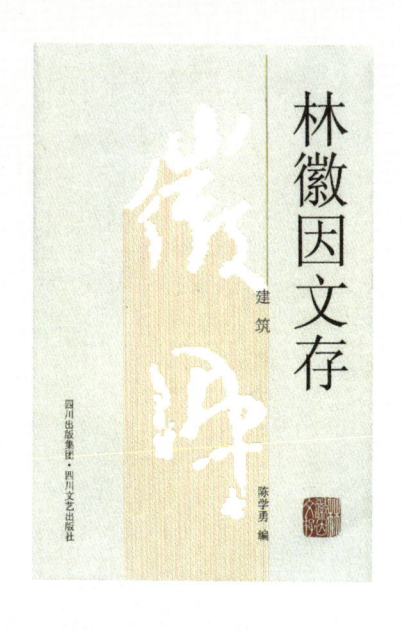

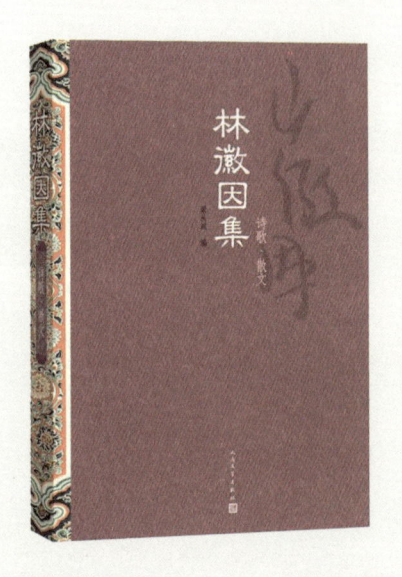

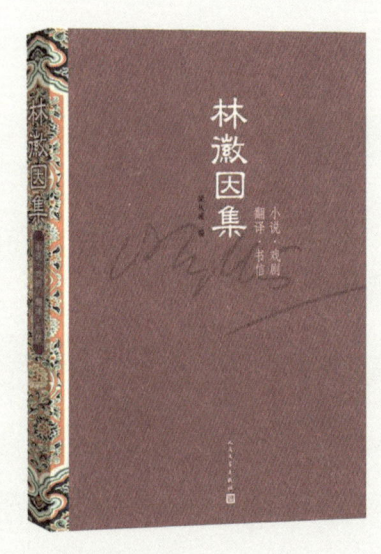

上左 《林徽因集·诗歌、散文》（梁从诫编，二〇一四年十二月人民文学出版社初版）

上右 《林徽因集·小说、戏剧、翻译、书信》（梁从诫编，二〇一四年十二月人民文学出版社初版）

下 《林徽因集·建筑、美术》（梁从诫编，二〇一四年十二月人民文学出版社初版）

代序

建筑家的眼睛

诗人的心灵

梁从诫

原载于一九八三年《读书》杂志第二期,本集将其收入,作为代序。

一座低低的石墓,默默地隐在北京八宝山革命烈士陵园一个僻静的角落里。墓碑上的姓名,在那连死者都不能不呻吟的年月中被人毁去了,只留下一方已经黯淡缺损,但总算幸存下来了的汉白玉,上面镌刻着一簇有着浓厚的民族韵味、丰满而又秀丽的花圈。偶来的凭吊者很少会知道,这花圈原是为天安门前人民英雄纪念碑设计的,是那碑座上雕饰的一个刻样。一九五五年,它被移放到这座墓前,作为一篇无言的墓志,纪念着它的创作者,墓的主人——女建筑学家和诗人林徽因。[*]林徽因墓今已修复。

林徽因(早年写作徽音)一九〇四年生于福建闽侯一个官僚知识分子家庭。童年时全家迁居北京。当还是一位少女的时候,她在文学和艺术方面的敏感和能力就引起了人们的注意。一九二〇年,林徽因随父亲去英国。一年后回国时,这个中国女中学生典雅的英语和对英国文学的修养曾使她的英国教师们称赞不已,而她那热情的性格和长于审美的气质也吸引了不少比她年长的新文学界朋友。在英国期间，由于一位同窗英国姑娘的影响，她开始对建筑艺术发生兴趣。

二十年代初，林徽因结识了著名的维新派政论家、学者梁启超先生的长子，当时的清华学生梁思成。在这两个年轻的艺术爱好者之间，很快就建立起了亲密的友情。不久，他们先后来到美国，就读于宾州大学，并共同决定要以建筑学为终生事业。由于当时这所大学的建筑系不收女生，林徽因只得入该校美术学院，但选修的主要却是建筑系的课程。一九二七年，她以学士学位毕业于美术学院；同年，梁思成获得建筑系硕士学位。此后，她又转入著名的耶鲁大学戏剧学院，在G.P.贝克教授的工作室中学习舞台美术设计，成为我国第一位在国外学习舞美的学生。一九二八年，这一对新婚的同行回到了祖国。

虽然人们常常把林徽因说成是一位诗人、文学家，但实际上，从整个一生来说，文学创作并不是她的主要事业。三十年代，在梁思成作为一个年轻、热情的建筑学家所进行的对中国古代建筑的开创性的科学研究活动中，林徽因始终是他最密切、最得力的合作者之一。她不仅陪同梁思成多次参加了对河北、山西等地古代建筑的野外调查旅行，而且还同梁思成合作或单独撰写了调查报告多篇，发表在专门的学术刊物——《中国营造学社汇刊》上。它们至今仍被这个行业的专家们认为具有很高的学术价值；而她为我国古代建筑技术的重要工具书《清式营造则例》所写的"绪论"，可以说已成为这个领域中所有研究者必读的文献了。

然而，严肃而又十分专门的科学研究工作并没有限制林徽因文学家的气质。相反，这两个方面在她身上总是自然结合、相得益彰的。她所写的学术报告独具一格,不仅有着严谨的科学性和技术性内容,而且总是以奔放的热情,把她对祖国古代匠师在建筑技术和艺术方面精湛的创造的敬佩和赞美,用诗一般的语言表达出来,使这些报告的许多段落读起来竟像是充满了诗情画意的散文作品。

也是在三十年代,林徽因在学术研究活动之外,开始发表一些文学作品,包括中、短篇小说,剧本,散文和诗。数量虽然不多,却引起了读者相当的反响。

虽然出身于旧式的上层家庭并生活于优裕的环境,但可贵的是,林徽因确实表现出某种突破自身局限的倾向。她早期的几篇文学作品,如小说《九十九度中》,散文《窗子以外》《吉公》和未完成的多幕剧《梅真同他们》等,从一个侧面分明地反映出当时中国社会的阶级分野以及由此而来的各个领域中的矛盾和斗争。尽管她所表现的主题和人物同当时真正严酷的社会现实和矛盾的焦点还有着很大的距离,但从中却可以看出她对自己"窗子"以外的生活的探索和追求。她的感情也是分明的:一切同情都在被压迫、被损害的弱者的一边,而对那些权势者,不论是"旧派"的还是"洋派"的,即或是以"文化人"面目出现的也罢,都投之以直率的敌意和鄙薄。她个人的生活背景,使她对后者的揭露和批判,虽然还谈不上有革命的含义,却表现了一种特有的深刻性和说服力。而且,也许正因为她不是出自对某种政治伦理的概念化的追求,反而使她所表达的爱和憎显得格外真诚而自然。这一切,使她的这一部分作品完全不能同被有些人讥为"客厅文学"的那类东西相提并论。

同样难得的是，以林徽因那样的社会处境，却能够相当清醒地意识到自己同广大劳动人民之间的隔膜，孕育着一种要走向人民的愿望。多次在华北农村地区进行的古建筑野外调查，使她有机会亲眼看到当时那些偏僻农村中困苦的生活，多少体会到劳动者的艰辛、质朴和憨厚。她对他们充满了同情，但又发觉自己同他们之间有着一道她在当时还不能理解也无法逾越的无形的墙，于是写下了以这种矛盾心情为基调的散文《窗子以外》。

林徽因曾以诗闻名于当时的文学界。但她的诗却和上面谈到的其它作品有所不同。如果说，她通过自己的小说、剧本和散文，是有意识地要对当时她所观察到的社会现实有所反映的话，那么，她的早期诗作，除少数几首曾表露了对民族命运所怀的忧患感和深沉的爱国心之外，更多地却是以个人情绪的起伏和波澜为主题的，探索着生活和爱的哲理；是一种恬静生活中内向的精神发掘，因而其社会意义不如前一类作品那样显著，题材也显得比较狭窄。她的诗之所以受到一些读者的赞赏，主要是因为诗中所流露的情感的真挚、细密和纯净，以及在表现形式上和手法上的清新和完美。她在诗中所用的语言，明快而隽永，常能准确、生动地捕捉和描绘出瞬息即逝的意境的幻动和思绪的微妙变化，并有着鲜明的韵律性。特别是在她自己朗读的时候，常常像是一首首隐去了曲谱的动听的歌。她的诗，又长于用写景的手法来抒情。尤其具有特色的是，她对中国古代建筑的了解、热爱和她在美术方面的修养，常常使她的作品中出现对建筑形象和色彩的描绘，或以之作为文学上的比喻。例如，在她的诗《深笑》中，人们就可以读到这样的句子：

是谁笑成这百层塔高耸，
让不知名鸟雀来盘旋？是谁
笑成这万千个风铃的转动，
从每一层琉璃的檐边
　　摇上
云天？

在写于抗日战争初期的《昆明即景》中，她曾把当地民居底楼高八尺、二层高七尺的典型制式也纳入了自己的诗句：

那上七下八临街的矮楼，
　半藏着，半挺着，立在街头，
瓦覆着它，窗开一条缝，
夕阳染红它，如写下古远的梦。
⋯⋯⋯⋯

这一切，使她的诗别具一格，在我国白话诗的园地里，走了一条旁人没有走过的路。

同他们那个时代的大多数留学生一样，林徽因虽然在国外留学多年，却有着强烈的民族感情。她和梁思成在美国攻读建筑学期间，读到的是欧洲建筑史：古希腊、罗马建筑的遗迹，西欧哥特式、罗柯柯式的宫宇、教堂，几乎每一处拱门、每一根石柱，都有着详尽的记载和分析；而中国建筑，那无数古朴的寺庙、辉煌的宫殿，在西方建筑界眼中，却像是不存在一样。对中国古建筑稍微认真一点的论述，甚至要到日本学者的著作中去寻找！这种情况，正是激励他们立志用现代科学技术的观念来系统研究中国古代建筑的一个基本的推动力。然而，当这项事业刚刚开始不久，日本侵略者的铁蹄就踏遍了我国华北的大片土地，他们的研究工作被迫中断了。一九三七年七月，当日寇的炮火在卢沟桥畔响起的时候，林徽因正和梁思成在山西五台山地区进行野外调查。当他们由于在深山里发现了国内最古老的一座木结构建筑——建于唐代的佛光寺大殿而欣喜万分的时候，却传来了战争爆发的可怕消息。由于正太铁路已不通，他们历尽艰辛才辗转回到日军已兵临城下的北平。这时，林徽因曾用大而整齐的字体给正随亲戚在外地过暑假的八岁的女儿写信说："如果日本人要来占北平，我们都愿意打仗……我觉得现在我们做中国人应该要顶勇敢，什么都不怕，什么都顶有决心方好。"

此后不久，林徽因、梁思成便全家离开了已经沦陷的北平，跋涉数千里，迁到了昆明。在途经长沙时，日寇的飞机曾把他们的住处炸成一片瓦砾，全家人仅以身免。一九四一年冬，他们又从昆明迁到了四川宜宾附近一个偏远的江村。

八年抗战，艰难的生活、飞腾的物价、日寇的空袭、不断的"逃难"、越来越差的生活条件，使林徽因肺病复发。从一九四一年起，她就经常发烧卧床，从此再没有享受过健康人的欢乐。然而这一切，都没有能遏止住她在精神上的创造活动。这个时期，她基本上已经无暇从事认真的文学创作了。在这方面，除了若干诗稿之外，已没有什么重要的作品。但是，战时"大后方"知识分子艰苦的生活、同社会现实更多的接触和更深的了解、对战局的忧虑以及个人的病痛，已使林徽因的精神面貌发生了重大的变化。反映在她的诗稿中，三十年代那种安逸、婉约的格调已不多见，而开始发出某种悲怆、沉郁，甚至是苦涩的音响；诗中也不再限于捉摸个人心绪的沉浮变幻，而渐渐出现了更多尖锐的社会乃至政治主题。为哀悼在与日寇空战中捐躯的弟弟而写的诗稿《哭三弟恒》和鞭笞恶劣的社会风气对年轻知识分子心灵的侵蚀的长诗《刺耳的悲歌》（已佚），表现了她创作思想的这种转变。

这个时期，学术上的研究和创作活动在林徽因的生活中有着更加重要的地位。她在疾病的折磨下，在那穷乡僻壤几乎不蔽风雨的几间农舍里，常常是伴着如豆的菜籽油灯光，用了几年时间，帮助梁思成反复修改并最后完成了《中国建筑史》这部重要著作的初稿和用英文撰写的《中国建筑史图录》稿，初步实现了他们早在学生时代就已怀有的学术宿愿。除了她身边的亲人和最接近的合作者之外，也许没有人会知道，林徽因为了这两部著作曾贡献了多少心血，在自己的健康方面，又做出了多大的牺牲。

一九四六年夏，梁思成应聘到清华大学主持建筑系的创建工作，林徽因终于回到了她在八年战乱中所日夜思念的北平。然而，她却无可奈何地发现，曾经成为她创作基调的那种战前闲逸的生活，同她自己的青春和健康一道，都已成为往日的回忆而不能再现了。这时，她同中国人民大革命的洪流仍是隔膜的，但对于旧政权的腐败和帝国主义的压迫，却已有了切身的感受。多年忧患的生活和长期卧病，曾使她产生过相当灰暗的情绪，并写了一些调子低沉的短诗。然而，也就是在这个时期，她一再谢绝了外国朋友的邀请，不肯到美国去长期疗养，而宁愿留国内，同自己的同胞共命运。解放前夕,她曾在朋友们面前激动地表示过:深信一个有爱国心的中国知识分子,是不会也不该选择这样的时机离开祖国的。也许多少有点偏激吧,她对于不信奉这个原则的人,始终是不能理解也不肯原谅的。

一九四九年初,林徽因所住的清华园已经解放了,而解放大军对北平的包围正紧。林徽因和梁思成一样,不仅为城内亲友、百姓的安危而日夜担心,而且一想到这座举世无双的文化古都,城内那无数辉煌的古代宫殿庙宇,可能即将毁于攻城的战火时,就忧心如焚,几乎夜不能寐了。就在这时,一天,突然有两位解放军来到家中求见,在大吃一惊的梁思成面前摊开了一幅大比例的北平军用地图,请他用红笔圈出一切重要的文物古迹的位置,以便在大军万一被迫攻城时尽一切可能予以保护……这生平第一次同解放军的直接接触,使这一对以中国古建筑为第二生命的夫妻激动得热泪盈眶,而几乎在一夜之间,就消除了他们对共产党的一切疑虑,从此便把自己的命运同新中国凝在了一起。

解放以后,林徽因的病势虽更加沉重,但她却焕发出前所未有的生命力,以极大的热忱,忘我地投入到人民共和国的经济、文化建设事业。她被聘为清华大学建筑系教授;北京市人民政府任命她为北京市都市计划委员会委员;不久,又被选为北京市第一届人民代表大会代表。她以惊人的毅力,忍受着病痛的折磨,认真地参加了首都的城市规划工作,和清华大学建筑系的同志们一道,提出了很有远见的总体规划草案;她还以极大的科学勇气和对人民、对历史负责的精神,抵制了当时来自各方面,包括来自"外国专家"的许多武断的、错误的意见,力主保存北京古城面貌,反对拆毁城墙、城楼和某些重要古建筑物，提出了修建"城上公园"的新颖设想；她十分关心供普通劳动者居住的小型住宅的合理设计问题，为建筑系研究生开了专题课，亲自做出了多种设计方案；她热心于北京传统手工艺的复兴，应工艺美术界一些同志的邀请，扶病来到当时濒临停业的景泰蓝、烧瓷等工艺工场调查研究，熟悉生产程序，为这些工艺品设计了一批具有民族风格而又便于制作的新式图案并亲自参与试制，同时还热情地为工艺美术学院培养研究生。她还热心于文化普及工作，在百忙中曾为《新观察》等刊物写了一系列介绍我国古建筑的通俗性文章。常常为此在病榻上就着一块小画板写作到深夜。

建国后不久，林徽因和清华大学建筑系的几位教师一道，接受了为中华人民共和国设计国徽图案的光荣任务。连续几个月，她把自己的全部热情都倾入了这件工作，呕心沥血，一次次地参与修改设计，又一次次带病亲自和同事们一起把图纸送到中南海，请周总理等领导同志审查、提意见，直到方案最后确定。在讨论国徽图案的全国政协一届二次会议上，林徽因被特邀列席。当她亲眼看到在毛主席的提议下，全体代表以起立方式一致通过了她所参与设计的五星照耀下的天安门国徽图案时，禁不住流下了激动的热泪。而这时，她已经病弱到几乎不能从座椅上站起来了。

这以后，林徽因又参加了天安门人民英雄纪念碑的设计和修建工作，并承担了为碑座设计饰纹和花圈浮雕图案的任务。她凭自己对中国古代雕刻纹饰方面的深刻了解和工艺美术方面的素养，十分出色地完成了这一创作。同时，她也耗尽了自己的最后一分精力，以致没有能亲眼看到这座历史性建筑物的落成。

熟悉林徽因的人还不会忘记，在从事上述这些工作的同时，她又是一个多么热心于培养、引导青年的人。常常一连几个小时为他们讲课，同他们交换意见、谈话，全然不顾自己已是一个多么衰弱的病人。为了启发后学者，她不仅贡献着自己的学识，也贡献了那仅有的一点健康。

一九五五年四月，林徽因教授终因久病医治无效而与世长辞了，终年只有五十一岁。虽然她参加人民的革命工作只有短短的五年时间，但由于她所做出的重要贡献，人民给了她以很高的荣誉，遗体被安葬在八宝山革命烈士公墓中。

作为一个文学、艺术家，林徽因是勇于探索和创新的。由于她对中国和西方传统文化、艺术的广博知识和深厚的修养，她总是孜孜不倦地探求怎样吸取其中最优秀的成分以表现现代的、民族的题材与风格。她的作品，无论是文学方面的，还是建筑或造型艺术方面的，都明显地表现出她在这种探索中所做出的可贵努力。民族的形式已成为她在艺术风格上的一个鲜明特色。她发表过的文学作品虽然不多，但它们在一个时期中，对于我国白话散文和诗歌，在形式、韵律、风格和技巧方面是有一定影响的。可惜的是，现在所能收集到的，仅是她早期作品中的一小部分，而在她思想和艺术上更为成熟时期的许多诗稿、文稿，却再也没有可能同读者见面了。在那灾难性的十年中，它们也遭到了和她墓碑上的名字相同的噩运，毁失殆尽了。

林徽因的一生，也可以说是不幸的。这样一位具有多方面才能、被誉为"一代才女"的女性，在旧社会，潜力却从来没有得到过真正充分的发挥；而她最好的年华，又大半被消磨在动乱的生活和疾病之中了。直到解放后，她的知识和才干才第一次真正找到了施展的天地。时代的需要、对新中国的挚爱，在她身上激发出了令人感佩的创造热情。然而，她心中那曾经是炽烈的生命之火，却过早地燃到了尽头，"蜡炬成灰"，无可奈何地熄灭了。这使一切熟悉她、爱慕她的人都不能不感到深深的惋惜和悲哀。

尽管如此，在半个多世纪以来中国白话文学发展的道路上，林徽因毕竟还是留下了自己那明晰、轻盈的足迹；在中国建筑史的研究工作中，她也以开创者之一的身份，做出了重要的贡献。特别是解放以后，她在建筑教育和美术创作中播出的种子和洒下的心血已开花结果，有的更已凝于历史的丰碑，获得了与人民共和国共存的殊荣。对于死者来说，这也应是具有深意的安慰了。

目录

建筑

- 002　论中国建筑之几个特征
- 017　平郊建筑杂录
- 033　闲谈关于古代建筑的一点消息
- 042　云冈石窟中所表现的北魏建筑
- 101　《清式营造则例》第一章　绪论
- 127　由天宁寺谈到建筑年代之鉴别问题
- 150　平郊建筑杂录（续·节选）
- 152　晋汾古建筑预查纪略
- 274　清代建筑述略
- 276　《中国建筑史》第六章　宋、辽、金部分
- 309　现代住宅设计的参考
- 372　《中国营造学社汇刊》第七卷第二期编辑后语
- 374　住宅供应与近代住宅之条件——市政设计的一个要素
- 385　北京——都市计划的无比杰作
- 405　梁思成绘《古塔修建设计图稿》题跋
- 408　对王其明、茹竞华毕业论文所作的评语
- 409　谈北京的几个文物建筑
- 420　《城市计划大纲》序
- 425　《苏联卫国战争被毁地区之重建》译者的体会（附译文）
- 510　对戴念慈《历史遗产》等文的批注
- 512　达·芬奇——具有伟大远见的建筑工程师
- 519　我们的首都

　　519 中山堂 ／ 522 北京市劳动人民文化宫 ／ 524 故宫三大殿

　　527 北海公园 ／ 530 天坛 ／ 533 颐和园

　　537 天宁寺塔 ／ 538 北京近郊的三座"金刚宝座塔"

　　543 鼓楼、钟楼和什刹海 ／ 546 雍和宫 ／ 549 故宫

- 553　祖国的建筑传统与当前的建设问题
- 567　我们的首都——北京
- 572　中国建筑发展的历史阶段

美术

- 616　林徽因为《晨报五周年纪念增刊号》设计的封面
- 617　林徽因为《晨报五周年增刊》设计的封面
- 618　林徽因设计的圣诞节卡片
- 619　林徽因设计的舞台布景
- 620　林徽因水彩画作
- 622　林徽因设计的东北大学校徽
- 623　林徽因为沈从文小说《巫神之爱》所作插图
- 624　设计和幕后困难问题
- 629　林徽因为《学文》月刊设计的封面
- 630　林徽因、梁思成为《大公报》"小公园"副刊设计的报头
- 631　关于《大公报》"小公园"副刊报头图案的说明
- 632　林徽因设计的舞台布景
- 633　林徽因为《文学杂志》设计的封面
- 634　林徽因绘梁再冰肖像
- 635　拟制国徽图案说明
- 637　林徽因等设计的中华人民共和国国徽方案
- 640　景泰蓝新图样设计工作一年总结
- 648　林徽因设计和参与设计的景泰蓝作品
- 655　和平礼物
- 660　林徽因参与设计的丝头巾
- 661　林徽因为人民英雄纪念碑设计的雕饰刻样
- 662　人民英雄纪念碑装饰部位示意图
- 663　中国各时代的几何纹
- 665　关于《中国建筑彩画图案》的意见
- 668　《中国建筑彩画图案》序
- 688　敦煌边饰初步研究

- 715　倏忽人间四月天·梁从诫
- 747　跋·方晶
- 750　增订说明

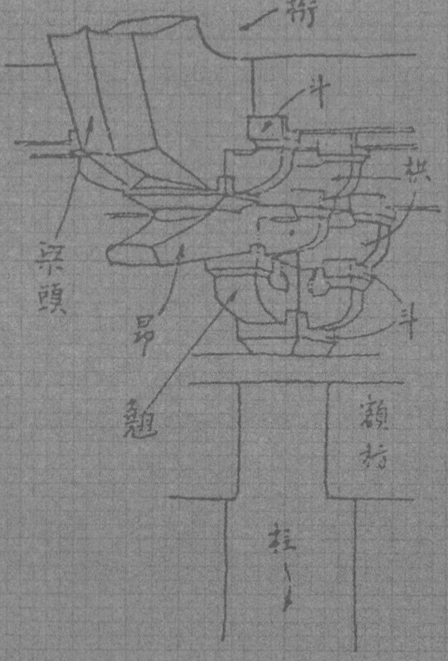

桁
斗
栱
耍頭
昂
斗
翹
額枋
柱

建筑

美术

论中国建筑之几个特征

中国建筑为东方最显著的独立系统；渊源深远，而演进程序简纯，历代继承，线索不紊，而基本结构上又绝未因受外来影响致激起复杂变化者。不止在东方三大系建筑之中，较其它两系——印度及亚拉伯（回教建筑）——享寿特长，通行地面特广，而艺术又独臻于最高成熟点。即在世界东西各建筑派系中，相较起来，也是个极特殊的直贯系统。大凡一系建筑，经过悠长的历史，多参杂外来影响，而在结构，布置乃至外观上，常发生根本变化。或循地理推广迁移，因致渐改旧制，顿易材料外观；待达到全盛时期，则多已脱离原始胎形，另具格式。独有中国建筑经历极长久之时间，流布甚广大的地面，而在其最盛期中或在其后代繁衍期中，诸重要建筑物，均始终不脱其原始面目，保存其固有主要结构部分，及布置规模，虽则同时在艺术工程方面，又皆无可置议的进化至极高程度。更可异的是：产生这建筑的民族的历史却并不简单；且并不缺乏种种宗教上，思想上，政治组织上的叠出变化；更曾经多次与强盛的外族或在思想上和平的接触（如印度佛教之传入），或在实际利害关系上发生冲突战斗。

这结构简单，布置平整的中国建筑初形，会如此的泰然，享受几千年繁衍的直系子嗣，自成一个最特殊，最体面的建筑大族，实是一桩极值得研究的现象。

虽然，因为后代的中国建筑，即达到结构和艺术上极复杂精美的程度，外表上却仍呈现出一种单纯简朴的气象，一般人常误会中国建筑根本简陋无甚发展，较诸别系建筑低劣幼稚。

这种错误观念最初自然是起于西人对东方文化的粗忽观察，常作浮躁轻率的结论，以致影响到中国人自己对本国艺术发生极过当的怀疑乃至于鄙薄。好在近来欧美叠出深刻的学者对于东方文化慎重研究，细心体会之后，见解已迥异从前，积渐彻底会悟中国美术之地位及其价值。但研究中国艺术尤其是对于建筑，比较是一种新近的趋势。外人论著关于中国建筑的，尚极少好的贡献，许多地方尚待我们建筑家今后急起直追，搜寻材料考据，作有价值的研究探讨，更正外人的许多隔膜和谬解处。

在原则上，一种好建筑必含有以下三要点：实用；坚固；美观。实用者：切合于当时当地人民生活习惯，适合于当地地理环境。坚固者：不违背其主要材料之合理的结构原则，在寻常环境之下，含有相当永久性的。美观者：具有合理的权衡（不是上重下轻巍然欲倾，上大下小势不能支，或孤耸高峙或细长突出等等违背自然律的状态），要呈现稳重，舒适，自然的外表，更要诚实的呈露全部及部分的功用；不事掩饰，不矫揉造作，勉强堆砌。美观，也可以说，即是综合实用，坚稳，两点之自然结果。

中国建筑，不容疑义的，曾经包含过以上三种要素。所谓曾经者，是因为在实用和坚固方面，因时代之变迁已有疑问。近代中国与欧西文化接触日深，生活习惯已完全与旧时不同，旧有建筑当然有许多跟着不适用了。在坚稳方面，因科学发达结果，关于非永久的木料，已有更满意的代替，对于构造亦有更经济精审的方法。

已往建筑因人类生活状态时刻推移，致实用方面发生问题以后，仍然保留着它的纯粹美术的价值，是个不可否认的事实。和埃及的金字塔，希腊的巴瑟农庙（Parthenon）一样，北京的坛，庙，宫，殿，是会永远继续着享受荣誉的，虽然它们本来实际的功用已经完全失掉。纯粹美术价值，虽然可以脱离实用方面而存在，它却绝对不能脱离坚稳合理的结构原则而独立的。因为美的权衡比例，美观上的多少特征，全是人的理智技巧，在物理的限制之下，合理的解决了结构上所发生的种种问题的自然结果。人工创造和天然趋势调和至某程度，便是美术的基本，设施雕饰于必需的结构部分，是锦上添花；勉强结构纯为装饰部分，是画蛇添足，足为美术之玷。

中国建筑的美观方面，现时可以说，已被一般人无条件的承认了。但是这建筑的优点，绝不是在那浅现的色彩和雕饰，或特殊之式样上面，却是深藏在那基本的，产生这美观的结构原则里，及中国人的绝对了解控制雕饰的原理上。我们如果要赞扬我们本国光荣的建筑艺术，则应该就他的结构原则，和基本技艺设施方面稍事探讨；不宜只是一味的，不负责任，用极抽象，或肤浅的诗意美谀，披挂在任何外表形式上，学那英国绅士骆斯肯（Ruskin）对高矗式（Gothic）建筑，起劲的唱些高调。

建筑艺术是个在极酷刻的物理限制之下，老实的创作。人类由使两根直柱架一根横楣，而能稳立在地平上起，至建成重楼层塔一类作品，其间辛苦艰难的展进，一部分是工程科学的进境，一部分是美术思想的活动和增富。这两方面是在建筑进步的一个总题之下，同行并进的。虽然美术思想这边，常常背叛他们共同的目标——创造好建筑——脱逾常轨，尽它弄巧的能事，引诱工程方面牺牲结构上诚实原则，来将就外表取巧的地方。在这种情形之下时，建筑本身常被连累，损伤了真的价值。在中国各代建筑之中，也有许多这样证例，所以在中国一系建筑之中的精品，也是极罕有难得的。

大凡一派美术都分有创造，试验，成熟，抄袭，繁衍，堕落诸期，建筑也是一样。初期作品创造力特强，含有试验性。至试验成功，成绩满意，达尽善尽美程度，则进到完全成熟期。成熟之后，必有相当时期因承相袭，不敢，也不能，逾越已有的则例；这期间常常是发生订定则例章程的时候。再来便是在琐节上增繁加富，以避免单调，冀求变换，这便是美术活动越出目标时。这时期始而繁衍，继则堕落，失掉原始骨干精神，变成无意义的形式。堕落之后，继起的新样便是第二潮流的革命元勋。第二潮流有鉴于已往作品的优劣，再研究探讨第一代的精华所在，便是考据学问之所以产生。

中国建筑的经过，用我们现有的，极有限的材料作参考，已经可以略略看出各时期的起落兴衰。我们现在也已走到应作考察研究的时代了。在这有限的各朝代建筑遗物里，很可以观察，探讨其结构和式样的特征，来标证那时代建筑的精神和技艺，是兴废还是优劣。但此节非等将中国建筑基本原则分析以后，是不能有所讨论的。

在分析结构之前，先要明了的是主要建筑材料，因为材料要根本影响其结构法的。中国主要建筑材料为木，次加砖石瓦之混用。

外表上一座中国式建筑物，可明显的分作三大部：台基部分；柱梁部分；屋顶部分。台基是砖石混用。由柱脚至梁上结构部分，直接承托屋顶者则全是木造。屋顶除少数用茅茨，竹片，泥砖之外自然全是用瓦。而这三部分——台基，柱梁，屋顶——可以说是我们建筑最初胎形的基本要素。

《易经》里"上古穴居而野处，后世圣人易之以宫室，上栋。下宇。以待风雨"。还有《史记》里："尧之有天下也，堂高三尺……"可见这"栋""宇"及"堂"（基）在最古建筑里便占定了它们的部位势力。自然最经过繁重发达的是"栋"——那木造的全部，所以我们也要特别注意。

木造结构，我们所用的原则是"架构制"Framing System。在四根垂直柱的上端，用两横梁两横枋周围牵制成一"间架"（梁与枋根本为同样材料，梁较枋可略壮大。在"间"之左右称柁或梁，在"间"之前后称枋）。再在两梁之上筑起层叠的梁架以支横桁，桁通一"间"之左右两端，从梁架顶上"脊瓜柱"上次第降下至前枋上为止。桁上钉椽，并排栉篦，以承瓦板，这是"架构制"骨干的最简单的说法。总之"架构制"之最负责要素是：（一）那几根支重的垂直立柱；（二）使这些立柱，互相发生联络关系的梁与枋；（三）横梁以上的构造：梁架，横桁，木缘，及其它附属木造，完全用以支承屋顶的部分。

"间"在平面上是一个建筑的最低单位。普通建筑全是多间的且为单数。有"中间"或"明间""次间""梢间""套间"等称。

中国"架构制"与别种制度（如高蠲式之"砌栱制"，或西欧

图一

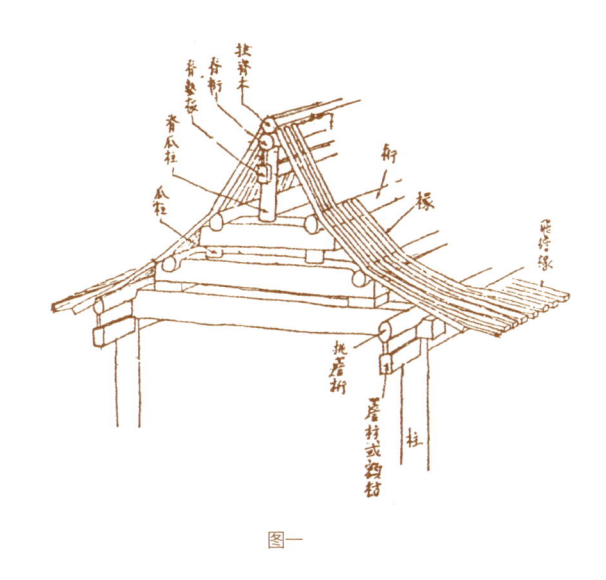

最普通之古典派"垒石"建筑）之最大分别：（一）在支重部分之完全倚赖立柱，使墙的部分不负结构上重责，只同门窗隔屏等，尽相似的义务——间隔房间，分划内外而已。（二）立柱始终保守木质，不似古希腊之迅速代之以垒石柱，且增加负重墙（Bearing wall），致脱离"架构"而成"垒石"制。

这架构制的特征，影响至其外表式样的，有以下最明显的几点：（一）高度无形的受限制，绝不出木材可能的范围。（二）即极庄严的建筑，也是呈现绝对玲珑的外表。结构上既绝不需要坚厚的负重墙，除非故意为表现雄伟的时候，酌量增用外（如城楼等建筑），任何大建，均不需墙壁堵塞部分。（三）门窗部分可以不受限制；柱与柱之间可以完全安装透光线的细木作——门屏窗牖之类。实际方面，即在玻璃未发明以前，室内已有极充分光线。北方因气候关系，墙多于窗，南方则反是，可伸缩自如。

这不过是这结构的基本方面，自然的特征。还有许多完全是经过特别的美术活动，而成功的超等特色，使中国建筑占极高的美术位置的，而同时也是中国建筑之精神所在。这些特色最主要的便是屋顶，台基，斗栱，色彩和均称的平面布置。

屋顶本是建筑上最实际必需的部分，中国则自古，不殚烦难的，使之尽善尽美。使切合于实际需求之外，又特具一种美术风格。屋顶最初即不止为屋之顶，因雨水和日光的切要实题，早就扩张出檐的部分。使檐突出并非难事，但是檐深则低，低则阻碍光线，且雨水顺势急流，檐下溅水问题因之发生。为解决这个问题，我们发明飞檐，用双层瓦椽，使檐沿稍翻上去，微成曲线。又因美观关系，使屋角之檐加甚其仰翻曲度。这种前边成曲线，四角翘起的"飞檐"，在结构上有极自然又合理的布置，几乎可以说它便是结构法所促成的。

如何是结构法所促成的呢？简单说：例如"庑殿"式的屋瓦，共有四坡五脊。正脊寻常称房脊，它的骨架是脊桁。那四根斜脊，称"垂脊"，它们的骨架是从脊桁斜角，下伸至檐桁上的部分，称由戗及角梁。桁上所钉并排的椽子虽像全是平行的，但因偏左右的几根又要同这"角梁平行"，所以椽的部位，乃由真平行而渐斜，像裙裾的开展。

角梁是方的，椽为圆径（有双层时上层便是方的，角梁双层时则仍全是方的）。角梁的木材大小几乎倍于椽子，到椽与角梁并排时，两个的高下不同，以致不能在它们上面铺钉平板，故此必需将

图二

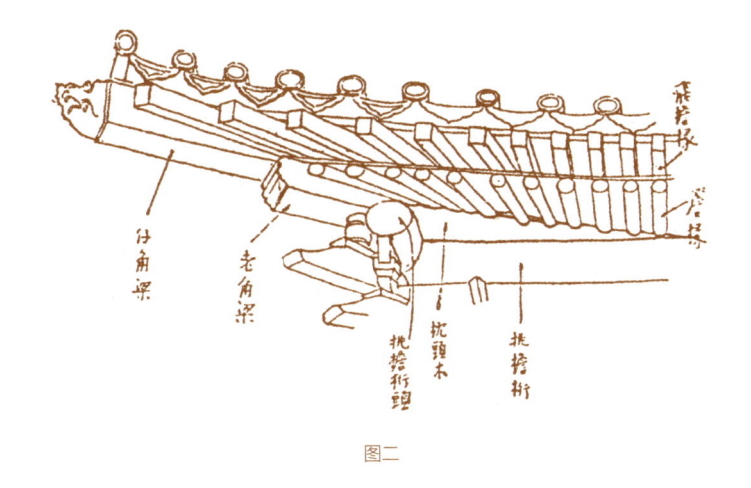

椽依次的抬高，令其上皮同角梁上皮平。在抬高的几根椽子底下填补一片三角形木板称"枕头木"，如图二。

这个曲线在结构上几乎不可信的简单和自然，而同时在美观方面不知增加多少神韵。飞檐的美，绝用不着考据家来指点的。不过注意那过当和极端的倾向常将本来自然合理的结构变成取巧和复杂。这过当的倾向，外表上自然也呈出脆弱，虚张的弱点，不为审美者所取，但一般人常以为愈巧愈繁必是愈美，无形中多鼓励这种倾向。南方手艺灵活的地方，过甚的飞檐便是这种证例。外观上虽是浪漫的姿态，容易引诱赞美，但到底不及北方的庄重恰当，合于审美的最真纯条件。

屋顶曲线不止限于挑檐，即瓦坡的全部也不是一片直坡倾斜下来。屋顶坡的斜度是越往上越增加，如图三。

这斜度之由来是依着梁架叠层的加高，这制度称做"举架法"。这举架的原则极其明显，举架的定例也极简单，只是叠次将梁架上

图三

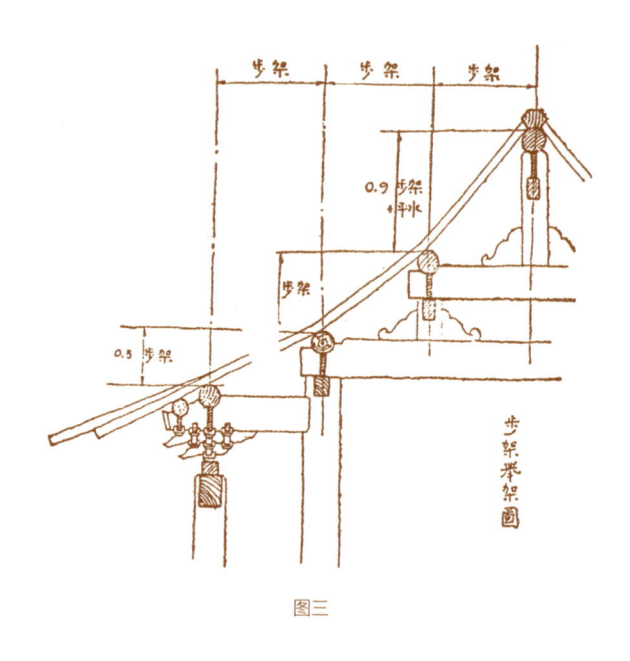

瓜柱增高，尤其是要脊瓜柱特别高。

使檐沿作仰翻曲度的方法，在增加第二层檐椽。这层椽其短，只驮在头檐椽上面，再出挑一节。这样，则檐的出挑虽加远，而不低下阻蔽光线。

总的说起来，历来被视为极特异神秘之屋顶曲线，并没有什么超出结构原则，和不自然造作之处，同时在美观实用方面均是非常的成功。这屋顶坡的全部曲线，上部巍然高举，檐部如翼轻展，使本来极无趣，极笨拙的屋顶部，一跃而成为整个建筑的美丽冠冕。

在《周礼》里发现有"上欲尊而宇欲卑；上尊而宇卑，则吐水疾而霤远"之句。这句可谓明晰的写出实际方面之功效。

既讲到屋顶，我们当然还要注意到屋瓦上的种种装饰物。上面已说过，雕饰必是设施于结构部分才有价值，那么我们屋瓦上的脊瓦吻兽又是如何？

脊瓦可以说是两坡相联处的脊缝上一种镶边的办法，当然也有过当复杂的，但是诚实的来装饰一个结构部分，而不肯勉强的来掩饰一个结构枢纽或关节，是中国建筑最长之处。

瓦上的脊吻和走兽，无疑的，本来也是结构上的部分。现时的龙头形"正吻"古称"鸱尾"，最初必是总管"扶脊木"和脊桁等部分的一块木质关键。这木质关键突出脊上，略作鸟形，后来略加点缀竟然刻成鸱鸟之尾，也是很自然的变化。其所以为鸱尾者还带有一点象征意义，因有传说鸱鸟能吐水，拿它放在瓦脊上可制火灾。

走兽最初必为一种大木钉，通过垂脊之瓦，至"由戗"及"角梁"上，以防止斜脊上面瓦片的溜下，唐时已变成两座"宝珠"，在今之"戗兽"及"仙人"地位上。后代鸱尾变成"龙吻"，宝珠变成"戗兽"及"仙人"，尚加增"戗兽""仙人"之间一列"走兽"，也不过是雕饰上变化而已。

并且垂脊上戗兽较大，结束"由戗"一段，底下一列走兽装饰在角梁上面，显露基本结构上的节段，亦甚自然合理。

南方屋瓦上多加增极复杂的花样，完全脱离结构上任务纯粹的显示技巧，甚属无聊，不足称扬。

外国人因为中国人屋顶之特殊形式，迥异于欧西各系，早多注意及之。论说纷纷，妙想天开；有说中国屋顶乃根据游牧时代帐幕者，有说象形蔽天之松枝者，有目中国飞檐为怪诞者，有谓中国建筑类儿戏者，有的全由走兽龙头方面，无谓的探讨意义，几乎不值得在此费时反证。总之这种曲线屋顶已经从结构上分析了，又从雕饰设施原则上审察了，而其美观实用方面又显著明晰，不容否认。我们的结论实可以简单的承认它艺术上的大成功。

中国建筑的第二个显著特征，并且与屋顶有密切关系的，便是"斗栱"部分。最初檐承于椽，椽承于檐桁，桁则架于梁端。此梁端即是由梁架延长，伸出柱的外边。但高大的建筑物出檐既深，单指梁端支持，势必不胜，结果必产生重叠的木"翘"支于梁端之下。但单藉木翘不够担全檐沿的重量，尤其是建筑物愈大，两柱间之距离也愈远，所以又生左右岔出的横"栱"来接受檐桁。这前后的木翘，左右的横栱，结合而成"斗栱"全部（在栱或翘昂的两端和相交处，介于上下两层或翘之间的斗形木块称"斗"）。"昂"最初为又一种之翘，后部斜伸出斗栱后用以支"金桁"。

斗栱是柱与屋顶间的过渡部分。使支出的房檐的重量渐次集中下来直到柱的上面。斗栱的演化，每是技巧上的进步，但是后代斗栱（约略从宋元以后），便变化到非常复杂，在结构上已有过当的部分，部位上也有改变。本来斗栱只限于柱的上面（今称柱头斗），后来为外观关系，又增加一攒所谓"平身科"者，在柱与柱之间。明清建筑上平身科加增到六七攒，排成一列，完全成为装饰品，失去本来功用。"昂"之后部功用亦废除，只余前部形式而已。

不过当复杂的斗，的确是柱与檐之间最恰当的关节，集中横展的屋檐重量，到垂直的立柱上面，同时变成檐下一种点缀，可作结构本身变成装饰部分的最好条例。可惜后代的建筑多减轻斗栱的结构上重要，使之几乎纯为奢侈的装饰品，令中国建筑失却一个优越的中坚要素。

图四

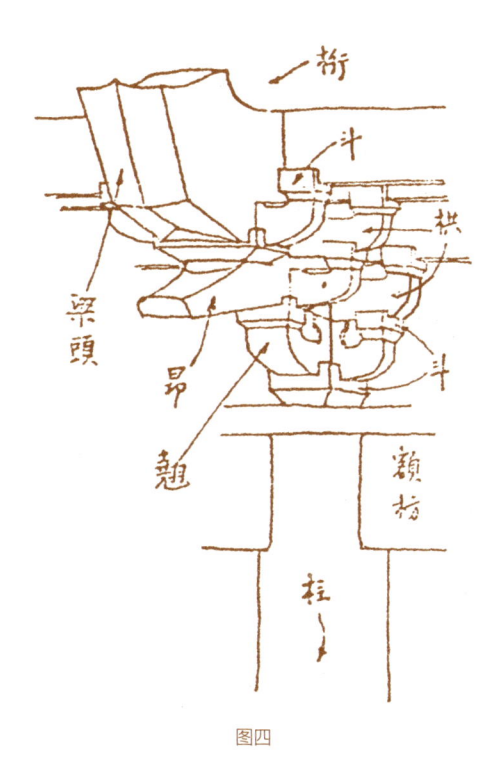

　　斗栱的演进式样和结构限于篇幅，不能再仔细述说，只能就它的极基本原则上在此指出它的重要及优点。

　　斗栱以下的最重要部分，自然是柱，及柱与柱之间的细巧的木作。魁伟的圆柱和细致的木刻门窗对照，又是一种艺术上满意之点。不止如此，因为木料不能经久的原始缘故，中国建筑又发生了色彩的特征。涂漆在木料的结构上为的是：（一）保存木质抵制风日雨水，（二）可牢结各处接合关节，（三）加增色彩的特征。这又是兼收美观实际上的好处，不能单以色彩作奇特繁华之表现。彩绘的设施在中国建筑上，非常之慎重，部位多限于檐下结构部分，在阴影掩映之中。主要彩色亦为"冷色"如青蓝碧绿，有时略加金点。其他檐以下的大部分颜色则纯为赤红，与檐下彩绘正成反照。中国人的操纵色彩可谓轻重得当。设使滥用彩色于建筑全部，使上下耀目辉煌，必成野蛮现象，失掉所有庄严和调谐。别系建筑颇有犯此忌者，更可见中国人有超等美术见解。

至彩色琉璃瓦产生之后，连黯淡无光的青瓦，都成为片片堂皇的黄金碧玉，这又是中国建筑的大光荣，不过滥用杂色瓦，也是一种危险，幸免这种引诱，也是我们可骄傲之处。

还有一个最基本结构部分——台基——虽然没有特别可议论称扬之处，不过在全个建筑上看来，有如许壮伟巍峨的屋顶如果没有特别舒展或多层的基座托衬，必显出上重下轻之势，所以既有那特种的屋顶，则必需有这相当的基座。架构建筑本身轻于垒砌建筑，中国又少有多层楼阁，基础结构颇为简陋。大建筑的基座加有相当的石刻花纹，这种花纹的分配似乎是根据原始木质台基而成，积渐施之于石。与台基连带的有石栏，石阶，辇道的附属部分，都是各有各的功用而同时又都是极美的点缀品。

最后的一点关于中国建筑特征的，自然是它的特种的平面布置。平面布置上最特殊处是绝对本均衡相称的原则，左右均分的对峙。这种分配倒并不是由于结构，主要原因是起于原始的宗教思想和形式，社会组织制度，人民俗习，后来又因喜欢守旧仿古，多承袭传统的惯例。结果均衡相称的原则变成中国特有一个固执嗜好。

例外于均衡布置建筑，也有许多。因庄严沉闷的布置，致激起故意浪漫的变化；此类若园庭，别墅，宫苑楼阁者是，平面上极其曲折变幻，与对称的布置正相反其性质。中国建筑有此两种极端相反布置，这两种庄严和浪漫平面之间，也颇有混合变化的实例，供给许多有趣的研究，可以打消西人浮躁的结论，谓中国建筑布置上是完全的单调而且缺乏趣味。但是画廊亭阁的曲折纤巧，也得有相当的限制。过于勉强取巧的人工虽可令寻常人惊叹观止，却是审美者所最鄙薄的。

在这里我们要提出中国建筑上的几个弱点。（一）中国的匠师对木料，尤其是梁，往往用得太费。他们显然不明了横梁载重的力量只与梁高成正比例，而与梁宽的关系较小。所以梁的宽度，由近代的工程眼光看来，往往嫌其太过。同时匠师对于梁的尺寸，因没有计算木力的方法，不得不尽量的放大，用极大的 factor of safety，以保安全。结果是材料的大靡费。（二）他们虽知道三角形是惟一不变动的几何形，但对于这原则极少应用。所以中国的屋架，经过不十分长久的岁月，便有倾斜的危险。我们在北平街上，到处可以看见这种倾斜而用砖墙或木柱支撑的房子。不惟如此，这三角形原则之不应用，也是屋梁费料的一个大原因，因为若能应用此原则，梁就可用较小的木料。（三）地基太浅是中国建筑的大病。普通则例规定是台明高之一半，下面再垫上几步灰土。这种做法很不彻底，尤其是在北方，地基若不刨到结冰线（frost line）以下，建筑物的坚实方面，因地的冻冰，一定要发生问题。好在这几个缺点，在新建筑师的手里，并不成难题。我们只怕不了解，了解之后，要去避免或纠正是很容易的。

结构上细部枢纽,在西洋诸系中,时常成为被憎恶部分。建筑家不惜费尽心思来掩蔽它们。大者如屋顶用女儿墙来遮掩,如梁架内部结构,全部藏入顶篷之内;小者如钉,如合叶,莫不全是要掩藏的细部。独有中国建筑敢袒露所有结构部分,毫无畏缩遮掩的习惯,大者如梁,如椽,如梁头,如屋脊,小者如钉,如合叶,如箍头,莫不全数呈露外部,或略加雕饰,或布置成纹,使转成一种点缀。几乎全部结构各成美术上的贡献。这个特征在历史上,除西方高蠢式建筑外,惟有中国建筑有此优点。

现在我们方在起始研究,将来若能将中国建筑的源流变化悉数考察无遗,那时优劣诸点,极明了的陈列出来,当更可以慎重讨论,作将来中国建筑趋途的指导。省得一般建筑家,不是完全遗弃这已往的制度,则是追随西人之后,盲目抄袭中国宫殿,作无意义的尝试。

关于中国建筑之将来,更有特别可注意的一点:我们架构制的原则适巧和现代"洋灰铁筋架"或"钢架"建筑同一道理;以立柱横梁牵制成架为基本。现代欧洲建筑为现代生活所驱,已断然取革命态度,尽量利用近代科学材料,另具方法形式,而迎合近代生活之需求。若工厂,学校,医院,及其他公共建筑等为需要日光便利,已不能仿取古典派之垒砌制,致多墙壁而少窗牖。中国架构制既与现代方法恰巧同一原则,将来只需变更建筑材料,主要结构部分则均可不有过激变动,而同时因材料之可能,更作新的发展,必有极满意的新建筑产生。

平郊建筑杂录

> 初刊于一九三三年十二月《中国营造学社汇刊》第三卷第四期,署名梁思成、林徽音。

　　北平四郊近二三百年间建筑遗物极多,偶尔郊游,触目都是饶有趣味的古建。其中辽金元古物虽然也有,但是大部分还是明清的遗构;有的是显赫的"名胜",有的是消沉的"痕迹";有的按期受成群的世界游历团的赞扬,有的只偶尔受诗人们的凭吊,或画家的欣赏。

　　这些美的所在,在建筑审美者的眼里,都能引起特异的感觉,在"诗意"和"画意"之外,还使他感到一种"建筑意"的愉快。这也许是个狂妄的说法——但是,什么叫做"建筑意"?我们很可以找出一个比较近理的定义或解释来。

　　顽石会不会点头,我们不敢有所争辩,那问题怕要牵涉到物理学家,但经过大匠之手泽,年代之磋磨,有一些石头的确是会蕴含生气的。天然的材料经人的聪明建造,再受时间的洗礼,成美术与历史地理之和,使它不能不引起赏鉴者一种特殊的性灵的融会,神志的感触,这话或者可以算是说得通。

　　无论那一个巍峨的古城楼,或一角倾颓的殿基的灵魂里,无形中都在诉说,乃至于歌唱,时间上漫不可信的变迁;由温雅的儿女佳话,到流血成渠的杀戮。他们所给的"意"的确是"诗"

与"画"的。但是建筑师要郑重郑重的声明,那里面还有超出这"诗""画"以外的意存在。眼睛在接触人的智力和生活所产生的一个结构,在光影恰恰可人中,和谐的轮廓,披着风露所赐与的层层生动的色彩;潜意识里更有"眼看他起高楼,眼看他楼塌了"凭吊兴衰的感慨;偶然更发现一片,只要一片,极精致的雕纹,一位不知名匠师的手笔,请问那时锐感,即不叫他做"建筑意",我们也得要临时给他制造个同样狂妄的名词,是不?

建筑审美可不能势利的。大名显赫,尤其是有乾隆御笔碑石来赞扬的,并不一定便是宝贝;不见经传,湮没在人迹罕至的乱草中间的,更不一定不是一位无名英雄。以貌取人或者不可,"以貌取建"却是个好态度。北平近郊可经人以貌取舍的古建筑实不在少数。摄影图录之后,或考证它的来历,或由村老传说中推测他的过往——可以成一个建筑师为古物打抱不平的事业,和比较有意思的夏假消遣。而他的报酬便是那无穷的建筑意的收获。

一 卧佛寺的平面

说起受帝国主义的压迫,再没有比卧佛寺委屈的了。卧佛寺的住持智宽和尚,前年偶同我们谈天,用"叹息痛恨于桓灵"的口气告诉我,他的先师老和尚,如何如何的与青年会订了合同,以每年一百元的租金,把寺的大部分租借了二十年,如同胶州湾,辽东半岛的条约一样。

其实这都怪那佛一觉睡几百年不醒,到了这危难的关头,还不起来给老和尚当头棒喝，使他早早觉悟，组织个佛教青年会西山消夏团。虽未必可使佛法感化了摩登青年，至少可借以繁荣了寿安山……不错，那山叫寿安山……又何至等到今年五台山些少的补助，才能修葺开始残破的庙宇呢！

我们也不必怪老和尚，也不必怪青年会……其实还应该感谢青年会。要是没有青年会，今天有几个人会知道卧佛寺那样一个山窝子里的去处。在北方——尤其是北平——上学的人，大半都到过卧佛寺。一到夏天，各地学生们，男的，女的，谁不愿意来消消夏，爬山，游水，骑驴，多么优哉游哉。据说每年夏令会总成全了许多爱人儿们的心愿，想不到睡觉的释迦牟尼，还能在梦中代行月下老人的职务，也真是佛法无边了。

从玉泉山到香山的马路，快近北辛村的地方，有条岔路忽然转北上坡的，正是引导你到卧佛寺的大道。寺是向南，一带山屏障似的围住寺的北面，所以寺后有一部分渐高，一直上了山脚。在最前面，迎着来人的，是寺的第一道牌楼，那还在一条柏荫夹道的前头。当初这牌楼是什么模样，我们大概还能想象，前人做的事虽不一定都比我们强，却是关于这牌楼大概无论如何他们要比我们大方得多。现有的这座只说他不顺眼已算十分客气，不知那一位和尚化来的酸缘，在破碎的基上，竖了四根小柱子，上面横钉了几块板，就叫它做牌楼。这算是经济萎衰的直接表现，还是宗教力渐弱的间接表现？一时我还不能答复。

顺着两行古柏的马道上去，骤然间到了上边，才看见另外的鲜明的一座琉璃牌楼在眼前。汉白玉的须弥座，三个汉白玉的圆门洞，黄绿琉璃的柱子，横额，斗栱，檐瓦。如果你相信一个建筑师的自言自语,"那是乾嘉间的作法"。至于《日下旧闻考》所记寺前为门的如来宝塔,却已不知去向了。

琉璃牌楼之内,有一道白石桥,由半月形的小池上过去。池的北面和桥的旁边,都有精致的石栏杆,现在只余北面一半,南面的已改成洋灰抹砖栏杆。这池据说是"放生池",里面的鱼,都是"放"的。佛寺前的池,本是佛寺的一部分,用不着我们小题大作的讲。但是池上有桥,现在虽处处可见,但它的来由却不见得十分古远。在许多寺池上,没有桥的却较占多数。至于池的半月形,也是个较近的做法,古代的池大半都是方的。池的用途多是放生,养鱼。但是刘士能＊刘士能,刘敦桢字。先生告诉我们说南京附近有一处律宗的寺,利用山中溪水为月牙池,和尚们每斋都跪在池边吃,风雪无阻,吃完在池中洗碗。幸而卧佛寺的和尚们并不如律宗的苦行,不然放生池不唯不能放生,怕还要变成脏水坑了。

与桥正相对的是山门。山门之外,左右两旁,是钟鼓楼,从前已很破烂,今年忽然大大的修整起来。连角梁下失去的铜铎,也用二十一号的白铅铁焊上,油上红绿颜色,如同东安市场的国货玩具一样的鲜明。

山门平时是不开的,走路的人都从山门旁边的门道出入。入门之后,迎面是一座天王殿,里面供的是四天王——就是四大金刚——东西梢间各两位对面侍立,明间面南的是光肚笑嘻嘻的阿弥陀佛,面北合十站着的是韦驮。

再进去是正殿,前面是月台,月台上(在秋收的时候)铺着金黄色的老玉米,像是专替旧殿着色。正殿五间,供三位喇嘛式的佛像。据说正殿本来也有卧佛一躯,雍正还看见过,是旃檀佛像,

图一 卧佛寺桥图

唐太宗贞观年间的东西。却是到了乾隆年间，这位佛大概睡醒了，不知何时上那儿去了。只剩了后殿那一位，一直睡到如今，还没有醒。

从前面牌楼一直到后殿，都是建立在一条中线上的。这个在寺的平面上并不算稀奇，罕异的却是由山门之左右，有游廊向东西，再折而向北，其间虽有方丈客室和正殿的东西配殿，但是一气连接，直到最后面又折而东西，回到后殿左右。这一周的廊，东西（连山门或后殿算上）十九间，南北（连方丈配殿算上）四十间，成一个大长方形。中间虽立着天王殿和正殿，却不像普通的庙殿，将全寺用"四合头"式前后分成几进，这是少有的。在这点上，本刊上期刘士能先生在智化寺调查记中说："唐宋以来有伽蓝七堂之称。唯各宗略有异同，而同在一宗，复因地域环境，互有增省……"现在卧佛寺中院，除去最后的后殿外，前面各堂为数适七，虽不敢说这是七堂之例，但可借此略窥制度耳。（见图二）

这种平面布置，在唐宋时代很是平常，敦煌画壁里的伽蓝都是如此布置，在日本各地也有飞鸟平安时代这种的遗例。在北平一带（别处如何未得详究），却只剩这一处唐式平面了。所以人人熟识的卧佛寺，经过许多人用帆布床"卧"过的卧佛寺游廊，是还有一点新的理由，值得游人将来重加注意的。

卧佛寺各部殿宇的立面（外观）和断面（内部结构）却都是清式中极规矩的结构，用不着细讲。至于殿前伟丽的娑罗宝树，和树下消夏的青年们所给与你的是什么复杂的感觉，那是各人的人生观问题，建筑师可以不必参加意见。事实极明显的，如东院几进宜于消夏乘凉；西院的观音堂总有人租住；堂前的方池——旧籍中无数

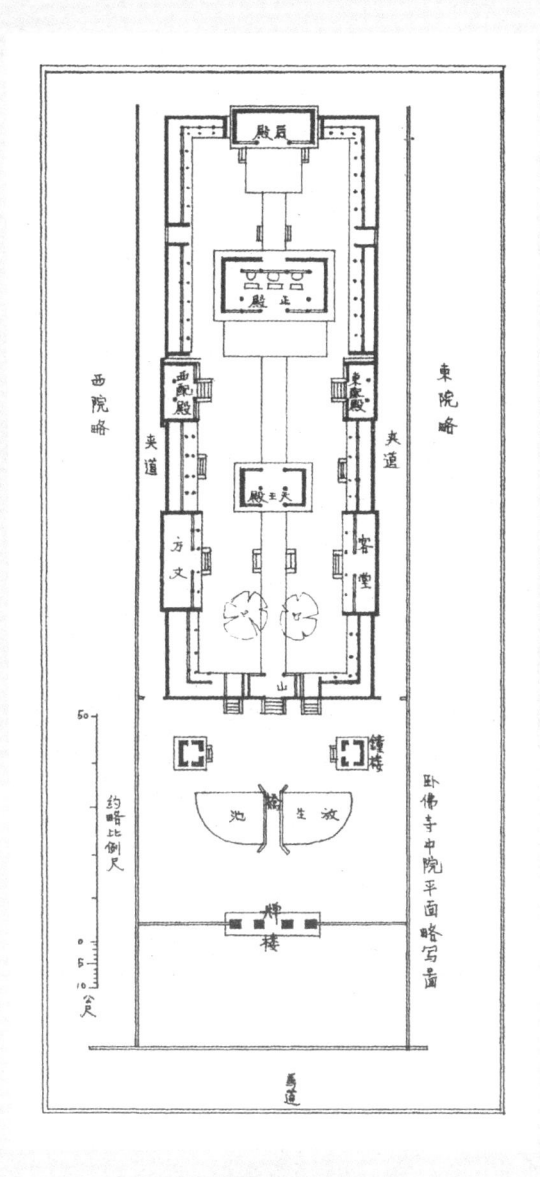

图二 卧佛寺中院平面略写图

记录的方池——现在已成了游泳池,更不必赘述或加任何的注解。

"凝神映性"的池水,用来作锻炼身体之用,在青年会道德观之下,自成道理——没有康健的身体,焉能有康健的精神?或许!或许!但怕池中的微生物杂菌不甚懂事。

池的四周原有精美的白石栏杆,已拆下叠成台阶,做游人下池的路。不知趣的,容易伤感的建筑师,看了又一阵心酸。其实这不算稀奇,中世纪的教皇们不是把古罗马时代的庙宇当石矿用,采取那石头去修"上帝的房子"吗?这台阶——栏杆——或也不过是将原来离经叛道"崇拜偶像者"的迷信废物,拿去为上帝人道尽义务。"保存古物",在许多人听去当是一句迂腐的废话。"这年头!这年头!"每个时代都有些人在没奈何时,喊着这句话出出气。

二 法海寺门与原先的居庸关

法海寺在香山之南,香山通八大处马路的西边不远。一个很小的山寺,谁也不会上那里去游览的。寺的本身在山坡上,寺门却在寺前一里多远山坡底下。坐汽车走过那一带的人,怕绝对不会看见法海寺门一类无关轻重的东西。骑驴或走路的人,也很难得注意到在山谷碎石堆里那一点小建筑物。尤其是由远处看,它的颜色和背景非常相似。因此看见过法海寺门的人我敢相信一定不多。

特别留意到这寺门的人,却必定有。因为这寺门的形式是与寻常的极不相同;有圆门洞的城楼模样,上边却顶着一座喇嘛式的塔——一个缩小的北海白塔。这奇特的形式,不是中国建筑里所常见。

　　这圆门洞是石砌的。东面门额上题着"敕赐法海禅寺"，旁边陪着一行"顺治十七年夏月吉日"的小字。西面额上题着三种文字，其中看得懂的中文是"唵巴得摩乌室尼渴华麻列吽登吒"，其他两种或是满蒙各占其一个。走路到这门下，疲乏之余，读完这一行题字也就觉得轻松许多！

　　门洞里还有隐约的画壁，顶上一部分居然还勉强剩出一点颜色来。由门洞西望，不远便是一座石桥，微拱的架过一道山沟，接着一条山道直通到山坡上寺的本身。

　　门上那座塔的平面略似十字形而较复杂。立面分多层，中间束腰石色较白，刻着生猛的浮雕狮子。在束腰上枋以上，各层重叠像阶级，每级每面有三尊佛像。每尊佛像带着背光，成一浮雕薄片，周围有极精致的琉璃边框。像脸不带色釉，眉目口鼻均伶俐秀美，全脸大不及寸余。座上便是塔的圆肚，塔肚四面四个浅龛，中间坐着浮雕造像，刻工甚俊。龛边亦有细刻。更上是相轮（或称刹），刹座刻作莲瓣，外廓微作盆形，底下还有小方十字座。最顶尖上有仰月的教徽。仰月徽去夏还完好，今秋已掉下。据乡人说是八月间大风雨吹掉的，这塔的破坏于是又进了一步。

　　这座小小带塔的寺门，除门洞上面一围砖栏杆外，完全是石造的。这在中国又是个少有的例。现在塔座上斜长着一棵古劲的柏树，为塔门增了不少的苍姿，更像是做他的年代的保证。为塔门保存计，这种古树似要移去的。怜惜古建的人到了这里真是彷徨不知所措；好在在古物保存如许不周到的中国，这忧虑未免神经过敏！

　　法海寺门特点却并不在上述诸点，石造及其年代等等，主要的

图三 法海寺塔门

图四 法海寺门上塔

却是它的式样与原先的居庸关相类似。从前居庸关上本有一座塔的，但因倾颓已久，无从考其形状。不想在平郊竟有这样一个发现。虽然在《日下旧闻考》里法海寺只占了两行不重要的位置；一句轻淡的"门上有小塔"，在研究居庸关原状的立脚点看来，却要算个重要的材料了。

三　杏子口的三个石佛龛

由八大处向香山走，出来不过三四里，马路便由一处山口里开过。在山口路转第一个大弯，向下直趋的地方，马路旁边，微偻的山坡上，有两座小小的石亭。其实也无所谓石亭，简直就是两座小石佛龛。两座石龛的大小稍稍不同，而它们的背面却同是不客气的向着马路。因为它们的前面全是向南，朝着另一个山口——那原来的杏子口。

在没有马路的时代，这地方才不愧称做山口。在深入三四十尺的山沟中，一道唯一的蜿蜒险狭的出路；两旁对峙着两堆山，一出口则豁然开朗一片平原田壤，海似的平铺着，远处浮出同孤岛一般的玉泉山，托住山塔。这杏子口的确有小规模的"一夫当关，万夫莫敌"的特异形势。两石佛龛既据住北坡的顶上，对面南坡上也立着一座北向的，相似的石龛，朝着这山口。由石峡底下的杏子口望上看，这三座石龛分峙两崖，虽然很小，却顶着一种超然的庄严，镶在碧澄澄的天空里，给辛苦的行人一种神异的快感和美感。

现时的马路是在北坡两龛背后绕着过去，直趋下山。因其逼近两龛,所以驰车过此地的人,绝对要看到这两个特别的石亭子的。但是同时因为这山路危趋的形势,无论是由香山西行,还是从八大处东去,谁都不愿冒险停住快驶的汽车去细看这么几个石佛龛子。于是多数的过路车客,全都遏制住好奇爱古的心,冲过去便算了。

假若作者是个细看过这石龛的人,那是因为他是例外,遏止不住他的好奇爱古的心,在冲过便算了不知多少次以后发誓要停下来看一次的。那一次也就不算过路,却是带着照相机去专程拜谒;且将车驶过那危险的山路停下,又步行到龛前后去瞻仰丰采的。

在龛前,高高的往下望着那刻着几百年车辙的杏子口石路,看一个小泥人大小的农人挑着担过去,又一个戴朵鬓花的老婆子,夹着黄色包袱,弯着背慢慢的踱过来,才能明白这三座石龛本来的使命。如果这石龛能够说话,他们或不能告诉得完他们所看过经过杏子口底下的图画——那时一串骆驼正在一个跟着一个的,穿出杏子口转下一个斜坡。

北坡上这两座佛龛是并立在一个小台基上,它们的结构都是由几片青石片合成——每面墙是一整片,南面有门洞,屋顶每层檐一片。西边那座龛较大,平面约一米余见方,高约二米。重檐,上层檐四角微微翘起,值得注意。东面墙上有历代的刻字,跑着的马,人脸的正面等等。其中有几个年月人名,较古的有"承安五年四月廿三日到此",和"至元九年六月十五日□□□贾智记"。(见图六)承安是金章宗年号,五年是公元一二〇〇年。至元九年是元世祖的年号,元顺帝的至元到六年就改元了,所以是公元一二七二年。这小小的佛龛,至迟也是金代遗物,居然在杏子口受了七百多年以上的风雨,依然存在。当时巍然顶在杏子口北崖上的神气,现在被煞风景的马路贬到盘坐路旁的谦抑；但它们的老资格却并不因此减损，那种倚老卖老的倔强，差不多是傲慢冥顽了。西面墙上有古拙的画——佛像和马——那佛像的样子，骤看竟像美洲土人的Totarn-Pole。（见图七）

龛内有一尊无头趺坐的佛像，虽像身已裂，但是流丽的衣褶纹，还有"南宋期"的遗风。

台基上东边的一座较小，只有单檐，墙上也没字画。龛内有小小无头像一躯，大概是清代补作的。这两座都有苍绿的颜色。

台基前面有宽二公尺长四公尺余的月台，上面的面积勉强可以叩拜佛像。

南崖上只有一座佛龛，大小与北崖上小的那座一样。三面做墙的石片，已成纯厚的深黄色，像纯美的烟叶。西面刻着双钩的"南"字，南面"无"字，东面"佛"字，都是径约八公寸。北面开门，里面的佛像已经失了。

这三座小龛，虽不能说是真正的建筑遗物，也可以说是与建筑有关的小品。不止诗意画意都很充足，"建筑意"更是丰富，实在值得停车一览。至于走下山坡到原来的杏子口里望上真真瞻仰这三龛本来庄严峻立的形势，更是值得。

关于北平掌故的书里，还未曾发现有关于这三座石佛龛的记载。好在对于它们年代的审定，因有墙上的刻字，已没有什么难题。所可惜的是它们渺茫的历史无从参考出来，为我们的研究增些趣味。

（未完）*作者本拟接续，而此稿最终未完成。

图五 杏子口南崖石佛龛

图六 石佛龛西龛东面刻字

图七 石佛龛西龛西面刻字

闲谈关于古代建筑的一点消息

（附梁思成君通信四则）

> 初刊于一九三三年十月七日天津《大公报》"文艺副刊"第五期，署名林徽因。原标题后有"（一）"。

　　在这整个民族和他的文化，均在挣扎着他们垂危的运命的时候，凭你有多少关于古代艺术的消息，你只感到说不出口的难受！艺术是未曾脱离过一个活泼的民族而存在的；一个民族衰败湮没，他们的艺术也就跟着消沉僵死。知道一个民族在过去的时代里，曾有过丰富的成绩，并不保证他们现在仍然在活跃繁荣的。

　　但是反过来说，如果我们到了连祖宗传留下的家产都没有能力清理，或保护；乃至于让家里的至宝毁坏散失，或竟拿到旧货摊上变卖；这现象却又恰恰证明我们这做子孙的没有出息，智力德行已经都到了不能再堕落的田地。睁着眼睛向旧有的文艺喝一声："去你的，咱们维新了，革命了，用不着再留丝毫旧有的任何智识或技艺了。"这话不但不通，简直是近乎无赖！

　　话是不能说到太远，题目里已明显的提过有关于古建筑的消息在这里，不幸我们的国家多故，天天都是迫切的危难临头，骤听到艺术方面的消息似乎觉到有点不识时宜，但是，相信我——上边已说了许多——这也是我们当然会关心的一点事，如果我们这民族还没有堕落到不认得祖传宝贝的田地。

这消息简单的说来,就是新近有几个死心眼的建筑师,放弃了他们盖洋房的好机会,卷了铺盖到各处测绘几百年前他们同行中的先进,用他们当时的一切聪明技艺,所盖惊人的伟大建筑物,在我投稿时候正在山西应县辽代的八角五层木塔前边。

山西应县的辽代木塔,说来容易,听来似乎也平淡无奇,值不得心多跳一下,眼睛睁大一分。但是西历一〇五六到现在,算起来是整整的八百七十七年。古代完全木构的建筑物高到二百八十五尺,在中国也就剩这一座独一无二的应县佛宫寺塔了。比这塔更早的木构已经专家看到,加以认识和研究的,在国内的只不过五处 *蓟县独乐寺观音阁及山门,辽统和二年(九八四)。大同下华严寺薄伽教藏,辽重熙七年(一〇三八)。宝坻广济寺三大士殿,辽太平五年(一〇二五)。义县奉国寺大雄宝殿,辽开泰九年(一〇二〇)。而已。

中国建筑的演变史在今日还是个灯谜,将来如果有一天,我们有相当的把握写部建筑史时,那部建筑史也就可以像一部最有趣味的侦探小说,其中主要的人物给侦探以相当方便和线索的,左不是那几座现存的最古遗物。现在唐代木构在国内还没找到一个,而宋代所刊营造法式又还有困难不能完全解释的地方,这距唐不久,离宋全盛时代还早的辽代,居然遗留给我们一些顶呱呱的木塔,高阁,佛殿,经藏,帮我们抓住前后许多重要的关键,这在几个研究建筑的死心眼人看来,已是了不起的事了。

我最初对于这应县木塔似乎并没有太多的热心,原因是思成自从知道了有这塔起,对于这塔的关心,几乎超过他自己的日常生活。早晨洗脸的时候,他会说"上应县去不应该是太难吧"。吃饭的时候,他会说"山西都修有顶好的汽车路了"。走路的时候,他会忽然间笑着说，"如果我能够去测绘那应州塔，我想，我一定……"他话常常没有说完，也许因为太严重的事怕语言亵渎了，最难受的一点是他根本还没有看见过这塔的样子，连一张模糊的相片，或翻印都没有见到！

有一天早上，在我们少数信件之中，我发现有一个纸包，寄件人的住址却是山西应县××斋照相馆！——这才是侦探小说有趣的一页，——原来他想了这么一个方法写封信"探投山西应县最高等照相馆"，弄到一张应州木塔的相片。我只得笑着说阿弥陀佛，他所倾心的幸而不是电影明星！这照相馆的索价也很新鲜，他们要一点北平的信纸和信笺作酬金，据说因为应县没有南纸店。

时间过去了三年，让我们来夸他一句"有志者事竟成"吧，这位思成先生居然在应县木塔前边——何止，竟是上边，下边，里边，外边——绕着测绘他素仰的木塔了。

通讯一

……大同工作已完，除了华严寺外都颇详尽，今天是到大同以来最疲倦的一天，然而也就是最近于首途应县的一天了，十分高兴。明晨七时由此搭公共汽车赴岱，由彼换轿车"起早"，到即电告。你走后我们大感工作不灵，大家都用愉快的意思回忆和你各处同作的畅顺，悔惜你走得太早。我也因为想到我们和应塔特殊的关系，悔不把你硬留下同去瞻仰。家里放下许久实在不放心，事情是绝对没有办法，可恨。应县工作约四五日可完，然后再赴×县……

通讯二

昨晨七时由同乘汽车出发,车还新,路也平坦,有时竟走到每小时五十哩的速度,十时许到岱岳。岱岳是山阴县一个重镇,可是雇车费了两个钟头才找到,到应县时已八点。

离县二十里已见塔,由夕阳返照中见其闪烁,一直看到它成了剪影,那算是我对于这塔的拜见礼。在路上因车摆动太甚,稍稍觉晕,到后即愈。县长养有好马,回程当借匹骑走,可免受晕车苦罪。

……

今天正式的去拜见佛宫寺塔,绝对的 Overwbelming,好到令人叫绝,喘不出一口气来半天!

塔共有五层,但是下层有副阶(注:重檐建筑之次要一层,宋式谓之副阶)上四层,每层有平坐,实算共十层。因梁架斗栱之不同,每层须量俯视,仰视,平面各一;共二十个平面图要画!塔平面是八角,每层须做一个正中线和一个斜中线的断面。斗栱不同者三四十种,工作是意外的繁多,意外的有趣,未来前的"五天"工作预算恐怕不够太多。

塔身之大,实在惊人,每面三开间,八面完全同样。我的第一个感触,便是可惜你不在此,同我享此眼福,不然我真不知你要几体投地的倾倒!回想在大同善化寺暮色里同向着塑像瞠目咋舌的情形,使我愉快得不愿忘记那一刹那人生稀有的由审美本能所触发的锐感。尤其是同几个兴趣同样的人在同一个时候浸在那锐感里边。士能忘情时那句"如果元明以后有此精品我的刘字倒挂起来了"，我时常还听得见。这塔比起大同诸殿更加雄伟，单是那高度已可观，士能很高兴他竟听我们的劝说没有放弃这一处，同来看看，虽然他要不待测量先走了。

应县是一个小小的城，是一个产盐区，在地下掘下不深就有咸水，可以煮盐，所以是个没有树的地方，在塔上看全城，只数到十四棵不很高的树！

工作繁重，归期怕要延长很多，但一切吃住都还舒适，住处离塔亦不远，请你放心。……

……

通讯三

士能已回，我同莫君 *莫君，指莫宗江。留此详细工作，离家已将一月却似更久。想北平正是秋高气爽的时候。非常想家！

像片已照完，十层平面全量了，并且非常精细，将来誊画正图时可以省事许多。明天起，量斗栱和断面，又该飞檐走壁了。我的腿已有过厄运，所以可以不怕。现在做熟了，希望一天可做两层，最后用仪器测各檐高度和塔刹，三四天或可竣工。

这塔真是个独一无二的伟大作品，不见此塔，不知木构的可能性，到了什么程度。我佩服极了，佩服建造这塔的时代，和那时代里不知名的大建筑师，不知名的匠人。

这塔的现状尚不坏，虽略有朽裂处。八百七十余年的风雨它不动声色的承受。并且它还领教过现代文明：民十六七年间冯玉祥攻山西时，这塔曾吃了不少的炮弹，痕迹依然存在，这实在叫我脸红。第二层有一根泥道栱竟为打去一节,第四层内部阑额内尚嵌着一弹,未经取出,而最下层西面两檐柱都有碗口大小的孔,正穿通柱身,可谓无独有偶。此外枪孔无数,幸而尚未打倒,也算是这塔的福气。现在应县人士有捐钱重修之议,将来回平后将不免为他们奔走一番,不用说动工时还须再来应县一次。

×县至今无音信,虽然前天已发电去询问,若两三天内回信来,与大同诸寺略同则不去,若有唐代特征如人字栱(!)鸱尾等等,则一步一磕头也要去的!……

通讯四

……这两天工作颇顺利,塔第五层(即顶层)的横断面已做了一半,明天可以做完。断面做完之后,将有顶上之行,实测塔顶相轮之高;然后楼梯,栏杆,格扇的详样;然后用仪器测全高及方向;然后抄碑;然后检查损坏处,以备将来修理。我对这座伟大建筑物目前的任务,便暂时告一段落了。

今天工作将完时,忽然来了一阵"不测的风云"。在天晴日美的下午五时前后狂风暴雨,雷电交作。我们正在最上层梁架上,不由得不感到自身的危险,不单是在二百八十多尺高将近千年的木架上,而且紧在塔顶铁质相轮之下,电母风伯不见得会讲特别交情。我们急着爬下,则见实测纪录册子已被吹开,有一页已飞到栏杆上了。若再迟半秒钟,则十天的功作有全部损失的危险,我们追回那一页后,急步下楼——约五分钟——到了楼下,却已有一线骄阳,由蓝天云隙里射出,风雨雷电已全签了停战协定了。

我抬头看塔仍然存在,庆祝它又避过了一次雷打的危险,在急流成渠的街道(?)上,回到住处去。

我在此每天除爬塔外,还到××斋看了托我买信笺的那位先生。他因生意萧条,现在只修理钟表而不照相了。……

这一段小小的新闻,抄用原来的通讯,似乎比较可以增加读者的兴趣,又可以保存朝拜这古塔的人的工作时印象和经过,又可以省却写这段消息的人说出旁枝的话。虽然在通讯里没讨论到结构上的专门方面,但是在那一部侦探小说里也自成一章,至少那××斋照相馆的事例颇有始有终,思成和这塔的姻缘也可算圆满。

关于这塔,我只有一桩事要加附注。在佛宫寺的全部平面布置上,这塔恰恰在全寺的中心,前有山门,钟楼,鼓楼东西两配殿,后面有桥通平台,台上还有东西两配殿和大配。这是个极有趣的布置,至少我们疑心古代的伽蓝有许多是如此把高塔放在当中的。

山西应县佛宫寺辽释迦木塔

山西应县佛宫寺辽释迦木塔渲染图

初刊于一九三三年十二月《中国营造学社汇刊》第四卷第三、第四期，署名梁思成、林徽音、刘敦桢。

云冈石窟中所表现的北魏建筑

绪　言

廿二年九月间，营造学社同人，趁着到大同测绘辽金遗建华严寺，善化寺等之便，决定附带到云冈去游览，考察数日。

云冈灵岩石窟寺，为中国早期佛教史迹壮观。因天然的形势，在绵亘峭立的岩壁上，凿造龛像建立寺宇，动伟大的工程，如《水经注》㶟水条所述"凿石开山，因岩结构，真容巨壮，世法所希，山堂水殿，烟寺相望，"又如《续高僧传》中所描写的"面别镌像，穷诸巧丽，龛别异状，骇动人神"，则这灵岩石窟更是后魏艺术之精华——中国美术史上一个极重要时期中难得的大宗实物遗证。

但是或因两个极简单的原因，这云冈石窟的雕刻，除掉其在宗教意义上，频受人民香火，偶遭帝王巡幸礼拜外，十数世纪来直到近三十余年前，在这讲究金石考古学术的中国里，却并未有人注意及之。

我们所疑心的几个简单的原因，第一个浅而易见的，自是地处边僻，交通不便。第二个原因，或是因为云冈石窟诸刻中，没有文字。窟外或崖壁上即使有，如《续高僧传》中所称之碑碣，却早已漫没不存痕迹，所以在这偏重碑拓文字的中国金石学界里，便引不起什么注意。第三个原因，是士大夫阶级好排斥异端，如朱彝尊的《云冈石佛记》，即其一例，宜其湮没千余年，不为通儒硕学所称道。

近人中，最早得见石窟，并且认识其在艺术史方面的价值和地位；发表文章；记载其雕饰形状；考据其兴造年代的，当推日人伊东 *伊东忠太著《北清建筑调查报告》，见《建筑杂志》第一八九号，其还著有《支那建筑史》卷。——作者原注，和新会陈援庵先生 *陈垣著《山西大同武洲山石窟寺记》。——作者原注，此后专家作有统系的调查和详细摄影的，有法人沙畹（Chavannes） *Edouard Chavannes: Mission archeologique da la Chine Septentrionae.——作者原注，日人关野贞，小野 *小野玄妙著《极东之三大艺术》。——作者原注诸人，各人的论著均以这时期因佛教的传布，中国艺术固有的血脉中，忽然掺杂旺而有力的外来影响，为可重视。且西域所传入的影响，其根苗可远推至希腊古典的渊源，中间经过复杂的途径，迤逦波斯，蔓延印度（见插图二），更推迁至西域诸族，又由南北两路健驮罗及西藏以达中国。这种不同文化的交流濡染，为历史上最有趣的现象，而云冈石刻便是这种现象，极明晰的实证之一种，自然也就是近代治史者所最珍视的材料了。

根据着云冈诸窟的雕饰花纹的母题（motif）及刻法，佛像的衣褶容貌及姿势（见插图一），断定中国艺术约莫由这时期起，走入一个新的转变，是毫无问题的。以汉代遗刻中所表现的一切戆直古劲的人物车马花纹（见插图二），与六朝以还的佛像饰纹和浮雕的草叶，璎珞，飞仙等等相比较，则前后判然不同的倾向，一望而知。仅以刻法而论，前者单简冥顽，后者在质朴中，忽而柔和生动，更是相去悬殊。

但云冈雕刻中，"非中国"的表现甚多；或显明承袭希腊古典宗脉，或繁富的掺杂印度佛教艺术影响；其主要各派原素多是囫囵包并，不难历历辨认出来的。因此又与后魏迁洛以后所建伊阙石窟——即龙门——诸刻（见插图三）稍不相同。以地点论，洛阳伊阙已是中原文化中心所在；以时间论，魏帝迁洛时，距武州凿窟已经半世纪之久；此期中国本有艺术的风格，得到西域袭入的增益后，更是根深蒂固，一日千里，反将外来势力积渐融化，与本有的精神冶于一炉。

云冈雕刻既然上与汉刻迥异，下与龙门较，又有很大差别，其在中国艺术史中，固自成一特种时期。近来中西人士对于云冈石刻更感兴趣，专程到那里谒拜鉴赏的，便成为常事，摄影翻印，到处可以看到。同人等初意不过是来大同机会不易，顺便去灵岩开开眼界，瞻仰后魏艺术的重要表现；如果获得一些新的材料，则不妨图录笔记下来，作一种云冈研究补遗。

以前从搜集建筑实物史料方面，我们早就注意到云冈，龙门，及天龙山等处石刻上"建筑的"（architectural）价值，所以造像之外，影片中所呈示的各种浮雕花纹及建筑部分（若门楣，栏杆，柱塔等等）均早已列入我们建筑实物史料的档库。这次来到云冈，我们得以亲目抚摩这些珍罕的建筑实物遗证，同行诸人，不约而同的第一转念，便是作一种关于云冈石窟"建筑的"方面比较详尽的分类报告。

这"建筑的"方面有两种：一是洞本身的布置，构造，及年代，与敦煌印度之差别等等，这个倒是比较简单的；一是洞中石刻上所表现的北魏建筑物及建筑部分，这后者却是个大大有意思的研究，也就是本篇所最注重处，亦所以命题者。然后我们当更讨论到云冈飞仙的雕刻，及石刻中所有的雕饰花纹的题材，式样等等，最后当在可能范围内，研究到窟前当时，历来，及现在的附属木构部分，以结束本篇。

一 洞 名

云冈诸窟，自来调查者各以主观命名，所根据的，多倚赖于传闻，以讹传讹，极不一致。如沙畹书中未将东部四洞列入，仅由东部算起；关野虽然将东部补入，却又遗漏中部西端三洞。至于伊东最早的调查，只限于中部诸洞，把东西二部全体遗漏，虽说时间短促，也未免遗漏太厉害了。

本文所以要先厘定各洞名称，俾下文说明，有所根据。兹依云冈地势分云冈为东、中、西三大部。每部自东迄西，依次排号；小洞无关重要者从略。再将沙畹，关野，小野三人对于同一洞的编号及名称，分行列于底下，以作参考。

东部　沙畹命名　关野命名（附中国名称）小野调查之名称

　　　　第一洞　No.1（东塔洞）　　　　　石鼓洞
　　　　第二洞　No.2（西塔洞）　　　　　寒泉洞
　　　　第三洞　No.3（隋大佛洞）　　　　灵岩寺洞
　　　　第四洞　No.4

中部

　　　　第一洞　No.1 No.5（大佛洞）　　阿弥陀佛洞

第二洞　No.2　No.6（大四面佛洞）　　释迦佛洞

第三洞　No.3　No.7（西来第一佛洞）　准提阁菩萨洞

第四洞　No.4　No.8（佛籁洞）　　　　佛籁洞

第五洞　No.5　No.9（释迦洞）　　　　阿佛闪洞

第六洞　No.6　No.10（持钵佛洞）　　　毗庐佛洞

第七洞　No.7　No.11（四面佛洞）　　　接引佛洞

第八洞　No.8　No.12（椅像洞）　　　　离垢地菩萨洞

第九洞　No.9　No.13（弥勒洞）　　　　文殊菩萨洞

西部

第一洞　No.16　No.16（立佛洞）　　　接引佛洞

第二洞　No.17　No.17（弥勒三尊洞）　阿闪佛洞

第三洞　No.18　No.18（立三佛洞）　　阿闪佛洞

第四洞　No.19　No.19（大佛三洞）　　宝生佛洞

第五洞　No.20　No.20（大露佛）　　　白佛耶洞

第六洞　No.21（塔洞）　　　　　　　　千佛洞

　　本文仅就建筑与装饰花纹方面研究，凡无重要价值的小洞，如中部西端三洞与西部东端二洞，均不列入，故篇中名称，与沙畹、关野两人的号数不合（见插图六）。此外云冈对岸西小山上，有相传造像工人所凿，自为功德的鲁班窑二小洞；和云冈西七里姑子庙地方，被川水冲毁，仅余石壁残像的尼寺石祇洹舍，均无关重要，不在本文范围以内。

二　洞的平面及其建造年代

云冈诸窟中，只是西部第一到第五洞，平面作椭圆形，或杏仁形，与其他各洞不同。关野常盘合著的《支那佛教史迹》第二集评解，引《魏书》兴光元年，于五缎大寺为太祖以下五帝铸铜像之例，疑此五洞亦为纪念太祖以下五帝而设，并疑《魏书·释老志》所言昙曜开窟五所，即此五洞，其时代在云冈诸洞中为最早。

考《魏书·释老志》卷百十四原文："兴光元年秋，敕有司于五缎大寺内，为太祖以下五帝，铸释迦立像五，各长一丈六尺。……太安初，有师子国胡沙门邪奢遗多、浮陁难提等五人，奉佛像三到京都，皆云备历西域诸国，见佛影迹及肉髻，外国诸王相承，咸遣工匠摹写其容，莫能及难提所造者。去十余步视之炳然，转近转微。又沙勒胡沙门赴京致佛钵，并画像迹。和平初，师贤卒，昙曜代之，更名沙门统。初，昙曜以复法之明年，自中山被命赴京，值帝出，见于路，……帝后奉以师礼。昙曜白帝，于京城西武州塞，凿山石壁，开窟五所，镌建佛像各一，高者七十尺，次六十尺。雕饰奇伟，冠于一世。"

所谓"复法之明年"，自是兴安二年（公元四五三），魏文成帝即位的第二年，也就是太武帝崩后第二年。关于此节，有《续高僧传》昙曜传中一段记载，年月非常清楚："先是太武皇帝太平真君七年，司徒崔皓令帝崇重道士寇谦之，拜为天师，珍敬老氏。虔刘释种，焚毁寺塔。至庚寅年（太平真君十一年），太武感疠疾，方始开悟。帝心既悔，咏夷崔氏。至壬辰年（太平真君十三年，亦即兴安元年）太武云崩，子文成立，即起塔寺，搜访经典。毁法七载，三宝还兴；曜慨前陵废，欣今重复……"由太平真君七年毁法，到兴安元年"起塔寺""访经典"的时候，正是前后七年，故有所谓"毁法七载，三宝还兴"的话；那么无疑的"复法之明年"，即是兴安二年了。

所可疑的只是：（一）到底昙曜是否在"复法之明年"见了文成帝便去开窟，还是到了"和平初，师贤卒"他做了沙门统之后，才"白帝于京城西……开窟五所"？这里前后就有八年的差别，因魏文成帝于兴安二年后改号兴光，一年后又改太安，太安共五年，才改号和平的。（二）《释老志》文中"后帝奉以师礼，曜白帝于京城西"，这里"后"字，亦颇蹊跷。到底这时候，距昙曜初见文成帝时候有多久？见文成帝之年固为兴安二年，他禀明要开窟之年（即使不待他做了沙门统），也可在此后两三年，三四年之中，帝奉以师礼之后！

总而言之，我们所知道的只是昙曜于兴安二年（公元四五三）入京见文成帝，到和平初年（公元四六〇）做了沙门统。至于武州塞五窟，到底是在这八年中的那一年兴造的，则不能断定了。

《释老志》关于开窟事，和兴光元年铸像事的中间，又记载那一节太安初师子国（锡兰）胡沙门难提等奉像到京都事。并且有很恭维难提摹写佛容技术的话。这个令人颇疑心与石窟镌像，有相当瓜葛。即不武断的说，难提与石窟巨像，有直接关系，因难提造像之佳，"视之炳然"，而猜测他所摹写的一派佛容，必然大大的影响当时佛像的容貌，或是极合理的。云冈诸刻虽多健陀罗影响，而西部五洞巨像的容貌衣褶，却带极浓厚的中印度气味的。

至于《释老志》，"昙曜开窟五所"的窟，或即是云冈西部的五洞，此说由云冈石窟的平面方面看起来，我们觉得更可以置信。

（一）因为它们的平面配置，自成一统系，且自左至右五洞，适相联贯。（二）此五洞皆有本尊像及胁侍，面貌最富异国情调（见插图四），与他洞佛像大异。（三）洞内壁面列无数小龛小佛，雕刻甚浅，没有释迦事迹图。塔与装饰花纹亦甚少，和中部诸洞不同。（四）洞的平面由不规则的形体，进为有规则之方形或长方形，乃工作自然之进展与要求。因这五洞平面的不规则，故断定其开凿年代必最早。

《支那佛教史迹》第二集评解中，又谓中部第一洞为孝文帝纪念其父献文帝所造，其时代仅次于西部五大洞。因为此洞平面前部，虽有长方形之外室，后部仍为不规则之形体，乃过渡时代最佳之例。这种说法，固甚动听，但文献上无佐证，实不能定讞。

中部第三洞，有太和十三年铭刻；第七洞窗东侧，有太和十九年铭刻，及洞内东壁曾由叶恭绰先生发现之太和七年铭刻。文中有"邑义信士女等五十四人……共相劝合为国兴福，敬造石庙形象九十五区及诸菩萨，愿以此福……"等等。其他中部各洞全无考。但就佛容及零星雕刻作风而论，中部偏东诸洞，仍富于异国情调（见插图六）。偏西诸洞，虽洞内因石质风化过甚，形象多经后世修葺，原有精神完全失掉，而洞外崖壁上的刻像，石质较坚硬，刀法伶俐可观，佛貌又每每微长，口角含笑，衣褶流畅精美，渐类龙门诸像。已是较晚期的作风无疑。和平初年到太和七年，已是二十三年，实在不能不算是一个相当的距离。且由第七洞更偏西去的诸洞，由形势论，当是更晚的增辟，年代当又在太和七年后若干年了。

西部五大洞之外，西边无数龛洞（多已在崖面成浅龛），以作风论，大体较后于中部偏东四洞，而又较古于中部偏西诸洞。但亦偶有例外，如西部第六洞的洞口东侧，有太和十九年铭刻，与其东侧小洞，有延昌年间的铭刻。

我们认为最希奇的是东部未竣工的第三洞。此洞又名灵岩，传为昙曜的译经楼，规模之大，为云冈各洞之最。虽未竣工，但可看出内部佛像之后，原计划似预备凿通，俾可绕行佛后的。外部更在洞顶崖上，凿出独立的塔一对（见插图三十六），塔后石壁上，又有小洞一排，为他洞所无。以事实论，颇疑此洞因孝文帝南迁洛阳，在龙门另营石窟，平城（即大同）日就衰落，故此洞工作，半途中辍，但确否尚须考证。以作风论，关野常盘谓第三洞佛像在北魏与唐之间，疑为隋炀帝纪念其父文帝所建。新海中川合著之《云冈石窟》竟直称为初唐遗物。这两说未免过于武断。事实上，隋唐皆都长安洛阳，绝无于云冈造大窟之理，史上亦无此先例。且即根据作风来察这东部大洞的三尊巨像的时代，也颇有疑难之处。

我们前边所称，早期异国情调的佛像，面容为肥圆的；其衣纹细薄，贴附于像身（所谓湿褶纹者）；佛体呆板，僵硬，且权衡短促；与他像修长微笑的容貌，斜肩而长身，质实垂重的衣裾褶纹，相较起来，显然有大区别。现在这里的三像，事实上虽可信其为云冈最晚的工程，但像貌，衣褶，权衡，反与前者，所谓异国神情者，同出一辙，骤反后期风格。

不过在刀法方面观察起来，这三像的各样刻工，又与前面两派不同，独成一格。这点在背光和头饰的上面，尤其显著。

这三像的背光上火焰，极其回绕柔和之能事，与西部古劲挺强者大有差别；胁侍菩萨的头饰则繁富精致（ornate），花纹更柔圆近于唐代气味（论者定其为初唐遗物，或即为此）。佛容上，耳，鼻，手的外廓刻法，亦肥圆避免锐角，项颈上三纹堆叠，更类他处隋代雕像特征。

这样看来，这三像岂为早期所具规模，至后（迁洛前）才去雕饰的，一种特殊情况下遗留的作品？不然，岂太和以后某时期中云冈造像之风暂敛，至孝文帝迁都以前，镌建东部这大洞时，刻像的手法乃大变，一反中部风格，倒去模仿西部五大洞巨像的神气？再不然，即是兴造此洞时，在佛像方面，有指定的印度佛像作模型镌刻。关于这点，文献上既苦无材料帮同消解这种种哑谜。东部未竣工的大洞兴造年代，与佛像雕刻时期，到底若何，怕仍成为疑问，不是从前论断者所见得的那么简单"洞未完竣而辍工"。近年偏西次洞又遭凿毁一角，东部这三洞，灾故又何多？

现在就平面及雕刻诸点论，我们可约略的说：西部五大洞建筑年代最早，中部偏东诸大洞次之，西部偏西诸洞又次之。中部偏西各洞及崖壁外大龛再次之。东部在雕刻细工上，则无疑的在最后。

离云冈全部稍远，有最偏东的两塔洞，塔居洞中心，注重于建筑形式方面，瓦檐，斗栱及支柱，均极清晰显明，佛像反模糊无甚特长，年代当与中部诸大洞前后相若，尤其是释迦事迹图，宛似中部第二洞中所有。

就塔洞论，洞中央之塔柱雕大尊佛像者较早，雕楼阁者次之。详下文解释。

三 石窟的源流问题

石窟的制作受佛教之启迪，毫无疑问，但印度 Ajanta 诸窟之平面，比较复杂，且纵穴甚深，内有支提塔，有柱廊，非我国所有。据 von Le Coq 在新疆所调查者（见插图五），其平面以一室为最普通，亦有二室者。室为方形，较印度之窟简单，但是诸窟的前面用走廊连贯，骤然看去，多数的独立的小窟团结一气，颇觉复杂，这种布置，似乎在中国窟与印度窟之间。

敦煌诸窟，伯希和书中没有平面图，不得知其详。就像片推测，有二室联结的。有塔柱，四面雕佛像的。室的平面，也是以方形和长方形居多。疑与新疆石窟是属于一个系统，只因没有走廊联络，故更为简单。

云冈中部诸洞，大半都是前后两间。室内以方形和长方形为最普通。当然受敦煌及西域的影响较多，受印度的影响较少。所不可解者，昙曜最初所造的西部五大窟，何以独作椭圆形、杏仁形（见插图六），其后中部诸洞，始与敦煌等处一致？岂此五洞出自昙曜及其工师独创的意匠？抑或受了敦煌西域以外的影响？在全国石窟尚未经精密调查的今日，这个问题又只得悬起待考了。

四　石刻中所表现的建筑形式

（一）塔

云冈石窟所表现的塔分两种：一种是塔柱，另一种便是壁面上浮雕的塔。

甲

塔柱是个立体实质的石柱，四面镂着佛像，最初塔柱是模仿印度石窟中的支提塔（见插图七），纯然为信仰之对象。这种塔柱立在中央，为的是僧众可以绕行柱的周围，礼赞供养。伯希和《敦煌图录》中认为北凉建造的第一百十一洞，就有塔柱，每面皆琢佛像。云冈东部第四洞，及中部第二洞，第七洞，也都是如此琢像在四面的，其受敦煌影响，当没有疑问。所宜注意之点，则是由支提塔变成四面雕像的塔柱，中间或尚有其过渡形式，未经认识，恐怕仍有待于专家的追求。

稍晚的塔柱，中间佛像缩小，柱全体成小楼阁式的塔，每面镂刻着檐柱，斗栱，当中刻门栱形（有时每面三间或五间），浮雕佛像，即坐在门栱里面。虽然因为连着洞顶，塔本身没有顶部，但底下各层，实可作当时木塔极好的模型。

与云冈石窟同时或更前的木构建筑，我们固未得见，但《魏书》中有许多建立多层浮图的记载，且《洛阳伽蓝记》中所描写的木塔，如熙平元年（公元五一六）胡太后所建之永宁寺九层浮图，距云冈开始造窟仅五十余年，木塔营建之术，则已臻极高程度，可见半世纪前，三五层木塔，必已甚普通。于至木造楼阁的历史，根据史料，更无疑的已有相当年代，如《后汉书·陶谦传》，说"笮融大起浮屠寺，上累金盘，下为重楼"。而汉刻中，重楼之外，陶质冥器中，且有极类塔形的三层小阁，每上一层面阔且递减（见插图八）。故我们可以相信云冈塔柱，或浮雕上的层塔，必定是本着当时的木塔而镂刻的，绝非臆造的形式。因此云冈石刻塔，也就可以说是当时木塔的石仿模型了。

属于这种的云冈独立塔柱，共有五处，平面皆方形（《伽蓝记》中木塔亦谓"有四面"）列表如下：

东部第一洞　二层　每层一间（见插图九）

东部第二洞　三层　每层三间（见插图十）

中部东山谷中塔洞　五层？　每层？间

西部第六洞　五层　每层五间（见插图十一）

中部第二洞　中间四大佛像　四角四塔柱　九层　每层三间（见插图十二）

上例五例，以西部第六洞的塔柱为最大，保存最好。塔下原有台基，惜大部残毁不能辨认。上边五层重叠的阁，面阔与高度成递减式，即上层面阔同高度，比下层每次减少，使外观安稳隽秀。这个是中国木塔重要特征之一，不意频频见于北魏石窟雕刻上，可见当时木塔主要形式已是如此，只是平面，似尚限于方形。

日本奈良法隆寺，借高丽东渡僧人监造，建于隋炀帝大业三年（公元六〇七），间接传中国六朝建筑形制。虽较熙平元年永宁寺塔，晚几一世纪，但因远在外境，形制上亦必守旧，不能如文化中区的迅速精进。法隆寺塔（见插图十二）共五层，平面亦是方形；建筑方面已精美成熟，外表玲珑开展。推想在中国本土，先此百余年时，当已有相当可观的木塔建筑无疑。

至于建筑主要各部，在塔柱上亦皆镌刻完备，每层的阁所分各间，用八角柱区隔，中雕龛栱及像（龛有圆栱，五边栱两种间杂而用），柱上部放坐斗，载额枋，额枋上不见平板枋。斗栱仅柱上用一斗三升；补间用"人字栱"；檐椽只一层，断面作圆形，椽到阁的四隅作斜列状，有时檐角亦微微翘起。椽与上部的瓦陇间隔，则上下一致。最上层因须支撑洞的天顶，所以并无似浮雕上所刻的刹柱相轮等等。除此之外，所表现各部，都是北魏木塔难得的参考物。

又东部第一洞第二洞的塔柱，每层四隅皆有柱，现仅第二洞的尚存一部分。柱断面为方形，微去四角。旧时还有栏杆围绕，可惜全已毁坏。第一洞廊上的天花作方格式，还可以辨识。

中部第二洞的四小塔柱，位于刻大像的塔柱上层四隅。平面亦方形。阁共九层，向上递减至第六层。下六层四隅，有凌空支立的方柱。这四个塔柱因平面小，故檐下比较简单，无一斗三升的斗栱，人字栱及额枋。柱是直接支于檐下，上有大坐斗，如同多立克式柱头（Doric order），更有意思的，就是檐下每龛门栱上，左右两旁有伸出两卷瓣的栱头，与奈良法隆寺金堂上"云肘木"（即云形栱）或玉虫厨子柱上的"受肘木"极其相似，惟底下为墙，且无柱故亦无坐斗（见插图十四）。

这几个多层的北魏塔型，又有个共有的现象，值得注意的，便是底下一层檐部，直接托住上层的阁，中间没有平坐。此点即奈良法隆寺五层塔亦如是。阁前虽有勾阑，却非后来的平坐，因其并不伸出阁外，另用斗栱承托着。

乙

浮雕的塔，遍见各洞，种类亦最多。除上层无相轮，仅刻忍冬草纹的，疑为浮雕柱的一种外（伊东因其上有忍冬草，称此种作哥林特式柱（Corinthian order）。其余列表如下：

一层塔——①上方下圆，有相轮五重（见插图十五）。见中部第二洞上层，及中部第九洞。

②方形，见中部第九洞。

三层塔——平面方形，每层间数不同（见插图十六）。

①见中部第七洞，第一层一间，第二层二间，第三层一间，塔下有方座，脊有合角鸱尾，刹上具相轮五重，及宝珠。

②见中部第八第九洞，每层均一间。

③见西部第六洞，第一层二间，第二、三层各一间，每层脊有合角鸱尾。

④见西部第二洞，第一、二层各一间，第三层二间。

五层塔——平面方形

①见东部第二洞，此塔有侧脚。

②见中部第二洞有台基，各层面阔，高度，均向上递减（见插图十七）。

③见中部第七洞。

七层塔——平面方形（见插图十八）。

见中部第七洞塔下有台座，无枭混及莲瓣。每层之角悬幡，刹上具相轮五层，及宝珠。

以上甲、乙两种的塔，虽表现方法稍不同，但所表示的建筑式样，除圆顶塔一种外，全是中国"楼阁式塔"建筑的实例。现在可以综合它们的特征，列成以下各条。

（一）平面全限于方形一种，多边形尚不见。

（二）塔的层数，只有东部第一洞有个偶数的，余全是奇数，与后代同。

（三）各层面阔和高度向上递减，亦与后代一致。

（四）塔下台基没有曲线枭混和莲瓣，颇像敦煌石窟的佛座，疑当时还没有像宋代须弥座的繁缛雕饰。但是后代的枭混曲线，似乎由这种直线枭混演变出来的。

（五）塔的屋檐皆直檐（但浮雕中殿宇的前檐，有数处已明显的上翘），无裹角法，故亦无仔角梁老角梁之结构。

（六）椽子仅一层，但已有斜列的翼角椽子。

（七）东部第二窟之五层塔浮雕，柱上端向内倾斜，大概是后世侧脚之开始。

（八）塔顶之形状（见插图十九）：东部第二洞浮雕五层塔，下有方座。其露盘极像日本奈良法隆寺五重塔，其上忍冬草雕饰，如日本的受花，再上有覆钵，覆钵上刹柱饰，相轮五重顶，冠宝珠。可见法隆寺刹上诸物，俱传自我国，分别只在法隆寺塔刹的覆钵，在受花下，云冈的却居受花上。云冈刹上没有水烟，与日本的亦稍不同。相轮之外廓，上小下大（东部第二洞浮雕），中段稍向外膨出。东部第一洞与中部第二洞之浮雕塔，一塔三刹，关野谓为"三宝"之表征，其制为近世所没有。总之根本全个刹，即是一个窣堵波（stupa）。

（九）中国楼阁向上递减，顶上加一个窣堵波，便为中国式的木塔。所以塔虽是佛教象征意义最重的建筑物，传到中土，却中国化了，变成这中印合璧的规模，而在全个结构及外观上中国成分，实又占得多。如果《后汉书·陶谦传》所记载的，不是虚伪，此种木塔，在东汉末期，恐怕已经布下种子了？

（二）殿宇

壁上浮雕殿宇共有两种，一种是刻成殿宇正面模型，用每两柱间的空隙，镌刻较深佛龛而居像（见插图二十一、二十二），另一种则是浅刻释迦事迹图中所表现的建筑物（见插图二十）。这两种殿宇的规模，虽甚简单，但建筑部分，固颇清晰可观，和浮雕诸塔同样，有许多可供参考的价值，如同檐柱、额枋、斗栱、房基、栏杆、阶级，等等。不过前一种既为佛龛的外饰，有时竟不是十分忠实的建筑模型；檐下瓦上，多增加非结构的花鸟，后者因在事迹图中，故只是单间的极简单的建筑物，所以两种均不足代表当时的宫室全部的规矩。它们所供给的有价值的实证，故仍在几个建筑部分上（详下文）。

（三）洞口柱廊

洞口因石质风化太甚，残破不堪，石刻建筑结构，多已不能辨认。但中部诸洞有前后两室者，前室多作柱廊，形式类希腊神庙前之茵安提斯（inantis）柱廊之布置。廊作长方形，面阔约倍于进深，前面门口加两根独立大支柱，分全面阔为三间。这种布置，亦见于山西天龙山石窟，惟在比例上，天龙山的廊较为低小，形状极近于木构的支柱及阑额。云冈柱廊（最完整的见于中部第八洞）（见插图二十三、二十四），柱身则高大无伦。廊内开敞，刻几层主要佛龛。惜外面其余建筑部分，均风化不稍留痕迹，无法考其原状。

五　石刻中所见建筑部分

（一）柱

柱的平面虽说有八角形，方形两种，但方形的，亦皆微去四角，而八角形的，亦非正八角形，只是所去四角稍多，"斜边"几乎等于"正边"而已。

柱础见于中部第八洞的，也作八角形，颇像宋式所谓櫍。柱身下大上小，但未有 entasis 及卷杀。柱面常有浅刻的花纹，或满琢小佛龛。柱上皆有坐斗，斗下有皿板，与法隆寺同。

柱部分显然得外国影响的，散见各处：如一，中部第八洞入口的两侧有二大柱，柱下承以台座，略如希腊古典的 pedestal，疑是受健陀罗的影响。二，中部第八洞柱廊内墙东南转角处，有一八角短柱立于勾栏上面（见插图二十三）；柱头略像方形小须弥座，柱中段绕以莲瓣雕饰，柱脚下又有忍冬草叶，由四角承托上来。这个柱的外形，极似印度式样，虽然柱头柱身及柱脚的雕饰，严格的全不本着印度花纹。三，各种希腊柱头（见插图二十四）；中部第八洞有"爱奥尼亚"（Ionic order）式柱头，极似 Temple of Neandria 柱头（见插图二十五）。散见于东部第一洞，中部三、四等洞的，有哥林特式柱头，但全极简单，不能与希腊正规的 order 相比；且云冈的柱头乃忍冬草大叶，远不如希腊 acanthus 叶的复杂。四，东部第四洞有人形柱，但极粗糙，且大部已毁。五，中部第二洞龛下，有小短柱支托，则又完全作波斯形式，且中部第八洞壁画上，亦有兽形与波斯兽形柱头相同（见插图二十六）。六，中部某部浮雕柱头，见于印度古石刻（见插图二十七）。

（二）阑额

阑额载于坐斗内，没有平板枋，额亦仅有一层。坐斗与阑额中间有细长替木，见中部第五，第八洞内壁上浮雕的正面殿宇（见插图二十一）。阑额之上又有坐斗，但较阑额下，柱头坐斗小很多，而与其所承托的斗栱上三个升子斗，大小略同。斗栱承柱头枋，枋则又直接承于椽子底下。

（三）斗栱（见插图二十一、二十二及各搭柱图）

柱头铺作一斗三升放在柱头上之阑额上，栱身颇高，无栱瓣，与天龙山的例不同。升有皿板。补间，铺作有人字形栱，有皿板，人字之斜边作直线，或尚存古法。

中部第八洞壁面佛龛上的殿宇正面，其柱头铺作的斗栱，外形略似一斗三升，而实际乃刻两兽背面屈膝状，如波斯柱头（见插图二十六）。

（四）屋顶

一切屋顶全表现四柱式，无歇山，硬山，挑山等。屋角或上翘，或不翘，无仔角梁老角梁之表现（见插图二十一、二十二）。

椽子皆一层，间隔较瓦轮稍密，瓦皆筒瓦。屋脊的装饰，正脊两端用鸱尾，中央及角脊用凤凰形装饰，尚保留汉石刻中所示的式样。正脊偶以三角形之火焰与凤凰,间杂用之,其数不一,非如近代,仅于正脊中央放置宝瓶。见中部第五第六第八等洞。

(五)门与栱

门皆方首。中部第五洞(见插图二十八)门上有斗栱檐椽,似模仿木造门罩的结构。

栱门多见于壁龛。计可分两种:圆栱及五边栱(见插图二十九)。圆栱的内周(introdus)多刻作龙形,两龙头在栱开始处。外周(extrodus)作宝珠形。栱面多雕趺坐的佛像。这种栱见于敦煌石窟,及印度古石刻,其印度的来源,甚为明显。所谓五边栱者,即方门抹去上两角;这种栱也许是中国固有。我国古代未有发券方法以前,有圭门圭窦之称;依字义解释,圭者尖首之谓,宜如⌂形,进一步在上面加一边而成⌂,也是演绎程序中可能的事。在敦煌无这种栱龛,但壁画中所画中国式城门,却是这种形式,至少可以证明云冈的五边栱,不是从西域传来的。后世宋代之城门,元之居庸关,都是用这种栱。云冈的五边栱,栱面都分为若干方格,格内多雕飞天;栱下或垂幔帐,或悬璎珞,做佛像的边框。间有少数佛龛,不用栱门,而用垂幛的(见插图三十)。

(六)栏杆及踏步

踏步只见于中部第二洞佛迹图内殿宇之前(见插图二十)。大都一组置于阶基正中,未见两组三组之列。阶基上的栏杆,刻作直棂,到踏步处并沿踏步两侧斜下。踏步栏杆下端，没有抱鼓石，与南京栖霞山舍利塔雕刻符合。

中部第五洞有万字栏杆（见插图二十四），与日本法隆寺勾栏一致。这种栏杆是六朝唐宋间最普通的做法，图画见于敦煌壁画中；在蓟县独乐寺，应县佛宫寺塔上则都有实物留存至今。

（七）藻井

石窟顶部，多刻作藻井（见插图三十二、三十三、三十四），这无疑的也是按照当时木构在石上模仿的。藻井多用"支条"分格，但也有不分格的。藻井装饰的母题，以飞仙及莲花为主，或单用一种，或两者参杂并用。龙也有用在藻井上的，但不多见（见插图三十五）。

藻井之分划，依室的形状，颇不一律（见插图三十一），较之后世齐整的方格，趣味丰富得多。斗八之制，亦见于此。

窟顶都是平的，敦煌与天龙山之⌂形天顶，不见于云冈，是值得注意的。

六 石刻的飞仙

洞内外壁面与藻井及佛后背光上，多刻有飞仙，作盘翔飞舞的姿势，窈窕活泼，手中或承日月宝珠，或持乐器，有如基督教艺术中的安琪儿。飞仙的式样虽然甚多，大约可分两种，一种是着印度湿褶的衣裳而露脚的（见插图四）；一种是着短裳曳长裙而不露脚，裙末在脚下缠绕后，复张开飘扬的(见插图三十六)。两者相较，前者多肥笨而不自然，后者轻灵飘逸，极能表出乘风羽化的韵致，尤其是那开展的裙裾及肩臂上所披的飘带，生动有力，迎风飞舞，给人以回翔浮荡的印象。

从要考研飞仙的来源方面来观察它们，则我们不能不先以汉代石刻中与飞仙相似的神话人物(见插图二)，和印度佛教艺术中的飞仙，两相较比着看。结果极明显的，看出云冈的露脚，肥笨作跳跃状的飞仙，是本着印度的飞仙摹仿出来的无疑，完全与印度飞仙同一趣味。而那后者，长裙飘逸的，有一些并着两腿，望一边曳着腰身，裙末翘起，颇似人鱼，与汉刻中鱼尾托云的神话人物，则又显然同一根源(见插图三十四)。后者这种屈一膝作猛进姿势的，加以更飘散的裙裾，多脱去人鱼形状，更进一步，成为最生动灵敏的飞仙，我们疑心它们在云冈飞仙雕刻程序中，必为最后最成熟的作品。

天龙山石窟飞仙中之佳丽者，则是本着云冈这种长裙飞舞的，但更增富其衣褶，如腰部的散褶及裤带。肩上飘带，在天龙山的，亦更加曲折回绕，而飞翔姿势，亦愈柔和浪漫。每个飞仙加上衣带彩云，在布置上，常有成一圆形图案者(见插图三十七)。

曳长裙而不露脚的飞仙，在印度西域佛教艺术中俱无其例，殆亦可注意之点。且此种飞仙的服装，与唐代陶俑美人甚似，疑是直接写真当代女人服装。

飞仙两臂的伸屈，颇多姿态；手中所持乐器亦颇多种类，计所见有如下条件：

鼓，⃝状，以带系于项上，⃝腰鼓、笛、笙、琵琶、筝⃝⃝(类外国 harp)⃝但无钹。其他则常有持日，月，宝珠及散花者。

总之飞仙的容貌仪态亦如佛像，有带浓重的异国色彩者，有后期表现中国神情美感者。前者身躯肥胖，权衡短促，服装简单，上身几全袒露，下裳则作印度式短裙，缠结于两腿间，粗陋丑俗。后者体态修长，风致娴雅，短衣长裙，衣褶简而有韵，肩带长而回绕，飘忽自如，的确能达到超尘的理想。

七　云冈石刻中装饰花纹及色彩

云冈石刻中的装饰花纹种类奇多，而十之八九，为外国传入的母题及表现(见插图三十八、三十九)。其中所示种种饰纹，全为希腊的来源，经波斯及健陀罗而输入者，尤其是回折的卷草，根本为西方花样之主干，而不见于中国周汉各饰纹中。但自此以后，竟成为中国花样之最普通者，虽经若干变化，其主要左右分枝回旋的原则，仍始终固定不改。

希腊所谓 acanthus 叶，本来颇复杂，云冈所见则比较简单：日人称为忍冬草，以后中国所有卷草，西番草，西番莲者，则全本源于回折的 acanthus 花纹。

图中所示的"连环纹"，其原则是每一环自成一组，与它组交结处，中间空隙，再填入小花样；初望之颇似汉时中国固有的绳纹，但绳纹的原则，与此大不相同，因绳纹多为两根盘结不断；以绳纹复杂交结的本身，作图案母题，不多藉力于其它花样。而此种以三叶花为主的连环纹，则多见于波斯希腊雕饰。

佛教艺术中所最常见的莲瓣，最初无疑根源于希腊水草叶，而又演变而成为莲瓣者。但云冈石刻中所呈示的水草叶，则仍为希腊的本来面目，当是由健陀罗直接输入的装饰。同时佛座上所见的莲瓣，则当是从中印度随佛教所来，重要的宗教饰纹，其来历却又起源于希腊水草叶者。中国佛教艺术积渐发达，莲瓣因为带着象征意义，亦更兴盛，种种变化及应用，叠出不穷，而水草叶则几绝无仅有，不再出现了。

其它饰纹如璎珞（beads），花绳（garlands），及束苇（reeds）等，均为由健陀罗传入的希腊装饰无疑。但尖齿形之幕沿装饰，则绝非希腊式样，而与波斯锯齿饰或有关系（见插图三十九）。真正万字纹未见于云冈石刻中，偶有万字勾栏，其回纹与希腊万字，却绝不相同。水波纹亦偶见，当为中国固有影响。

以兽形为母题之雕饰，共有龙，凤，金翅鸟（Garuda），螭首，正面饕餮，狮子，这些除金翅鸟为中印度传入，狮子带着波斯色彩外，其余皆可说是中国本有的式样，而在刻法上略受西域影响的。

汉石刻砖纹及铜器上所表现的中国固有雕纹，种类不多，最主要的如雷纹，斜线纹，斜方格，斜方万字纹，直线或曲线的水波纹，绳纹，锯齿，乳，箭头叶，半圆弧纹等，此外则多倚赖以鸟兽人物为母题的装饰，如青龙，白虎，饕餮，凤凰，朱雀，及枝柯交纽的树，成列的人物车马，及打猎时奔窜的犬鹿兔豕等等。

对汉代或更早的遗物有相当认识者，见到云冈石刻的雕饰，实不能不惊诧北魏时期由外传入崭新花样的数量及势力！盖在花纹方面，西域所传入的式样，实可谓喧宾夺主，从此成为十数世纪以来，中国雕饰的主要渊源。继后唐宋及后代一切装饰花纹，均无疑义的，无例外的，由此展进演化而成。

色彩方面最难讨论，因石窟中所施彩画，全是经过后世的重修，伧俗得很。外壁悬崖小洞，因其残缺，大概停止修葺较早，所以现时所留色彩痕迹，当是较古的遗制，但恐怕绝不会是北魏原来面目。佛像多用朱，背光绿地；凸起花纹用红或青或绿。像身有无数小穴，或为后代施色时用以钉布布箔以涂丹青的。

八　窟前的附属建筑

论到石窟寺附属殿宇部分，我们得先承认，无论今日的石窟寺木构部分所给与我们的印象为若何；其布置及结构的规模为若何，欲因此而推断一千四百余年前初建时的规制，及历后逐渐增辟建造的程序，是个不可能的事。不过距开窟仅四五十年的文献，如《水经注》里边的记载，应当算是我们考据的最可靠材料，不得不先依其文句，细释而检讨点事实，来作参考。

《水经注》灢水条里，虽无什么详细的描写，但原文简约清晰，亦非夸大之词。"凿石开山，因岩结构。真容巨壮，世法所希。山堂水殿，烟寺相望。林渊锦镜，缀目新眺。"关于云冈巨构，仅这四句简单的描述而已。这四句中，首次末三段，句句既是个真实情形的简说。至今除却河流干涸，沙床已见外，这描写仍与事实相符，可见其中第三句"山堂水殿，烟寺相望"当也是即景说事。不过这句意义，亦可作两种解说。一个是：山和堂，水和殿，烟和寺，各各对望着，照此解释，则无疑的有"堂""殿"和"寺"的建筑存在，且所给的印象，是这些建筑物与自然相照对峙，必有相当壮丽，在云冈全景中，占据重要的位置的。

第二种解说，则是疑心上段"山堂水殿"句，为含着诗意的比喻，称颂自然形势的描写。简单说便是：据山为堂（已是事实），因水为殿的比喻式，描写"山而堂，水而殿"的意思，因为就形势看山崖临水，前面地方颇近迫，如果重视自然方面，则此说倒也逼切写真，但如此则建筑部分已是全景毫末，仅剩烟寺相望的"寺"，而这寺到底有多少是木造工程，则又不可得而知了。

《水经注》里这几段文字所以给我们附属木构殿宇的印象，明显的当然是在第三句上，但严格说，第一句里的"因岩结构"，却亦负有相当责任的。观现今清制的木构，殿阁（见插图四十一），尤其是由侧面看去，实令人感到"因岩结构"描写得恰当真切之至。这"结构"两字，实有不止限于山岩方面，而有注重于木造的意义蕴在里面。

现在云冈的石佛寺木建殿宇（见插图四十一、四十二、四十三），只限于中部第一，第二，第三,三大洞前面，山门及关帝庙右第二洞中线上。第一洞，第三洞，遂成全寺东西偏院的两阁，而各有其两厢配殿。因岩之天然形势，东西两阁的结构，高度，布置均不同。第二洞洞前正殿高阁共四层，内中留井，周围如廊，沿梯上达于顶层，可平视佛颜。第一洞同之。第三洞则仅三层（洞中佛像亦较小许多），每层有楼廊通第二洞。但因二洞三洞南北位置之不相同，使楼廊微作曲折，颇增加趣味。此外则第一洞西，有洞门通崖后，洞上有小廊阁。第二洞后崖上，有斗尖亭阁，在全寺的最高处。这些木建殿阁厢庑，依附岩前，左右关连，前后引申，成为一组；绿瓦巍峨，点缀于断崖林木间，遥望颇壮丽，但此寺已是云冈石崖一带现在惟一的木构部分，且完全为清代结构，不见前朝痕迹。近来即此清制楼阁，亦已开始残破，盖断崖前风雨侵凌，固剧于平原各地，木建损毁当亦较速。

关于清以前各时期中云冈木建部分到底若何，在雍正《朔平府志》中记载左云县云冈堡石佛寺古迹一段中，有若干可注意的之点。

《府志》里讲："规制甚宏，寺原十所：一曰同升，二曰灵光，三曰镇国，四曰护国，五曰崇福，六曰童子，七曰能仁，八曰华严，九曰天宫，十曰兜率。其中有元载所造石佛二十龛；石窟千孔，佛像万尊。由隋唐历宋元，楼阁层凌，树木蓊郁，俨然为一方胜概。"这里的"寺原十所"的寺，因为明言数目，当然不是指洞而讲。"石佛二十龛"亦与现存诸洞数目相符。惟"元载所造"的"元"，令人颇不解。雍正《通志》同样句，却又稍稍不同，而曰"内有元时石佛二十龛"。这两处恐皆为"元魏时"所误。这十寺既不是以洞为单位计算的，则疑是以其他木构殿宇为单位而命名者。且"楼阁层凌，树木蓊郁"，当时木构不止现今所余三座，亦恰如当日树木蓊郁，与今之秃树枯干，荒凉景象，相形之下，不能同日而语了。

所谓"由隋唐历宋元"之说，当然只是极普通的述其历代相沿下来的意思。以地理论，大同朔平不属于宋，而是辽金地盘；但在时间上固无分别。且在雍正修《府志》时，辽金建筑本可仍然存在的。大同一城之内，辽金木建，至今尚存七八座之多。佛教盛时，如云冈这样重要的宗教中心，亦必有多少建设。所以府志中所写的"楼阁层凌"，或许还是辽金前后的遗建，至少我们由这府志里，只知道"其山最高处曰云冈，冈上建飞阁三重，阁前有世祖章皇帝

（顺治）御书'西来第一山'五字及'康熙三十五年西征回銮幸寺赐'匾额，而未知其他建造工程"。而现今所存之殿阁，则又为乾嘉以后的建筑。

在实物方面，可作参考的材料的，有如下各点：

一，龙门石窟崖前，并无木建庙宇。

二，天龙山有一部分有清代木建，另一部则有石刻门洞；楣，额，支柱，极为整齐。

三，敦煌石窟前面多有木廊（见插图四十四），见于伯希和《敦煌图录》中。前年关于第一百三十洞前廊的年代问题（见插图四十五）有伯希和先生与思成通信讨论，登载本刊三卷四期，证明其建造年代为宋太平兴国五年的实物。第一百二十窟 A 的年代是宋开宝九年，较第一百三十洞又早四年。

四，云冈西部诸大洞，石质部分已天然剥削过半，地下沙石填高至佛膝或佛腰，洞前布置，石刻或木建，盖早已湮没不可考。

五，云冈中部第五至第九洞，尚留石刻门洞及支柱的遗痕（见插图四十五），约略可辨当时整齐的布置。这几洞岂是与天龙山石刻门洞同一方法，不借力于木造的规制的。

六，云冈东部第三洞及中部第四洞崖面石上，均见排列的若干栓眼，即凿刻的小方孔（见插图四十六），殆为安置木建上的椽子的位置。察其均整排列及每层距离，当推断其为与木构有关系的证据之一。

七，因云冈悬崖的形势，崖上高原与崖下河流的关系，原上的雨水沿崖而下，佛龛壁面不免频频被水冲毁。崖石崩坏堆积崖下，日久填高，底下原积的残碑断片，反倒受上面沙积的保护，或许有若干仍完整的安眠在地下，甘心作埋没英雄，这理至显，不料我们竟意外的得到一点对于这信心的实证。在我们游览云冈时,正遇中部石佛寺旁边,兴建云冈别墅之盛举,大动土木之后,建筑地上,放着初出土的一对石质柱础（见插图四十七）,式样奇古,刻法质朴,绝非近代物。不过孤证难成立,云冈岩前建筑问题,惟有等候于将来有程序的科学发掘了。

九　结　论

总观以上各项的观察所及,云冈石刻上所表现的建筑,佛像,飞仙及装饰花纹,给我们以下的结论。

云冈石窟所表现的建筑式样,大部为中国固有的方式,并未受外来多少影响,不但如此,且使外来物同化于中国,塔即其例。印度窣堵波方式,本大异于中国本来所有的建筑,及来到中国,当时仅在楼阁顶上,占一象征及装饰的部分,成为塔刹。至于希腊古典柱头如 gonid order 等虽然偶见,其实只成装饰上偶然变化的点缀,并无影响可说。惟有印度的圆（外周作宝珠形的）,还比较的重要,但亦止是建筑部分的形式而已。如中部第八洞门廊大柱底下的高 pedestal（见插图二十三）,本亦是西欧古典建筑的特征之一,既已传入中土,本可发达传布,影响及于中国柱础。孰知事实并不如是,隋唐以及后代柱础,均保守石质覆盆等扁圆形式,虽然偶有稍高的筒形（见插图四十七）,亦未见多用于后世。后来中国的种种基座,则恐全是由台基及须弥座演化出来的,与此种 pedestal 并无多少关系。

在结构原则上,云冈石刻中的中国建筑,确是明显表示其应用构架原则的。构架上主要部分,如支柱,阑额,斗栱,椽,瓦,檐,脊等,一一均应用如后代;其形式且均为后代同样部分的初型无疑。所以可以证明,在结构根本原则及形式上,中国建筑二千年来保持其独立性,不曾被外来影响所动摇。所谓受印度希腊影响者,实仅限于装饰雕刻两方面的。

佛像雕刻,本不是本篇注意所在,故亦不曾详细作比较研究而讨论之。但可就其最浅见的趣味派别及刀法,略为提到。佛像的容貌衣褶,在云冈一区中,有三种最明显的派别。

第一种是带着浓重的中印度色彩的,比较呆板僵定,刻法呈示在模仿方面的努力。佳者虽勇毅有劲,但缺乏任何韵趣;弱者则颇多伧丑。引人兴趣者,单是其古远的年代,而不是美术的本身。

第二种佛容修长,衣褶质实而流畅。弱者质朴庄严;佳者含笑超尘,美有余韵,气魄纯厚,精神栩栩,感人以超人的定,超神的动;艺术之最高成绩,荟萃于一痕一纹之间,任何刀削雕琢,平畅流丽,全不带烟火气。这种创造,纯为汉族本其固有美感趣味,在宗教艺术方面的发展。其精神与汉刻密切关联,与中印度佛像,反疏隔不同旨趣。

飞仙雕刻亦如佛像,有上面所述两大派别:一为模仿,以印度像为模型;一为创造,综合模仿所得经验,与汉族固有趣味及审美倾向,作新的尝试。

这两种时期距离并不甚远,可见汉族艺术家并未奴隶于模仿,而印度健陀罗刻像雕纹的影响,只作了汉族艺术家发挥天才的引火线。

云冈佛像还有一种,只是东部第三洞三巨像一例。这种佛像雕刻艺术，在精神方面乃大大退步，在技艺方面则加增谙熟繁巧，讲求柔和的曲线、圆滑的表面。这倾向是时代的，还是主刻者个人的，却难断定了。

装饰花纹在云冈所见，中外杂陈，但是外来者，数量超过原有者甚多。观察后代中国所熟见的装饰花纹，则此种外来的影响势力范围极广。殷周秦汉金石上的花纹，始终不能与之抗衡。

云冈石窟乃西域印度佛教艺术大规模侵入中国的实证。但观其结果，在建筑上并未动摇中国基本结构。在雕刻上只强烈的触动了中国雕刻艺术的新创造——其精神，气魄，格调，根本保持着中国固有的。而最后却在装饰花纹上，输给中国以大量的新题材，新变化，新刻法，散布流传直至今日，的确是个值得注意的现象。

插图一 云冈造像

插图一　武梁祠汉代画像

插图三　龙门造像　　　　　　　　插图四　云冈中部第四洞门栱西侧像

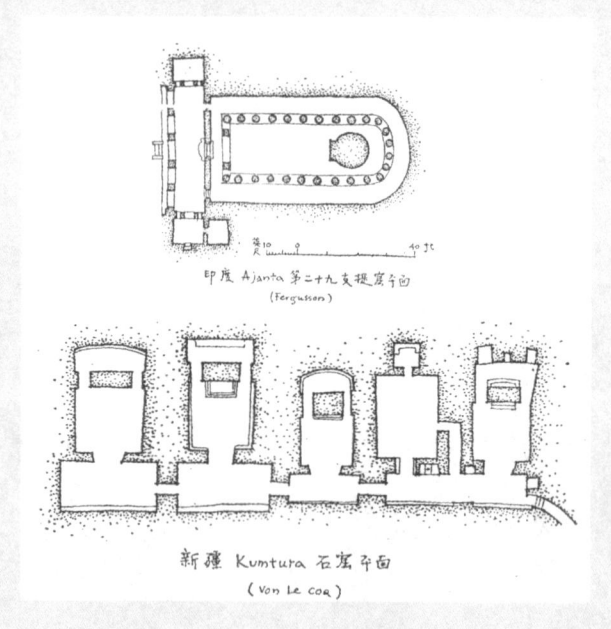

插图五 新疆 kumtura 石窟平面

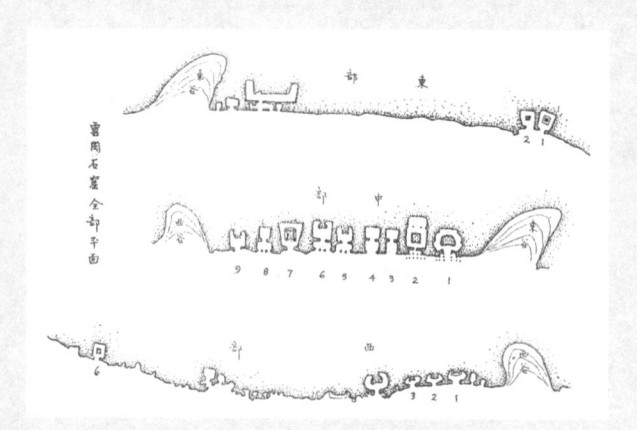

插图六 云冈石窟全部平面

插图七 Karlê 支提塔

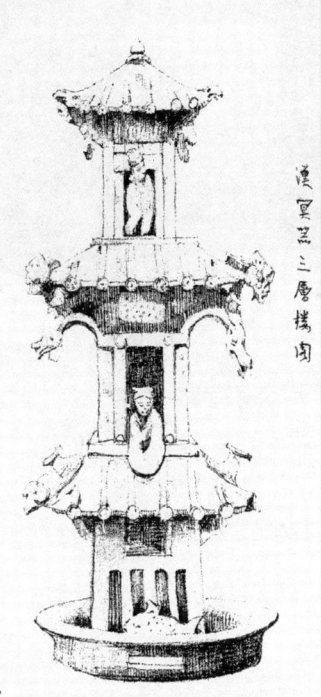

插图八 汉冥器三层楼阁

插图九　云冈东部第一洞二层塔柱　　　　　　插图十　云冈东部第二洞三层塔柱

插图十一　云冈西部第六洞五层塔柱　　　　插图十二　云冈中部第二洞九层塔柱

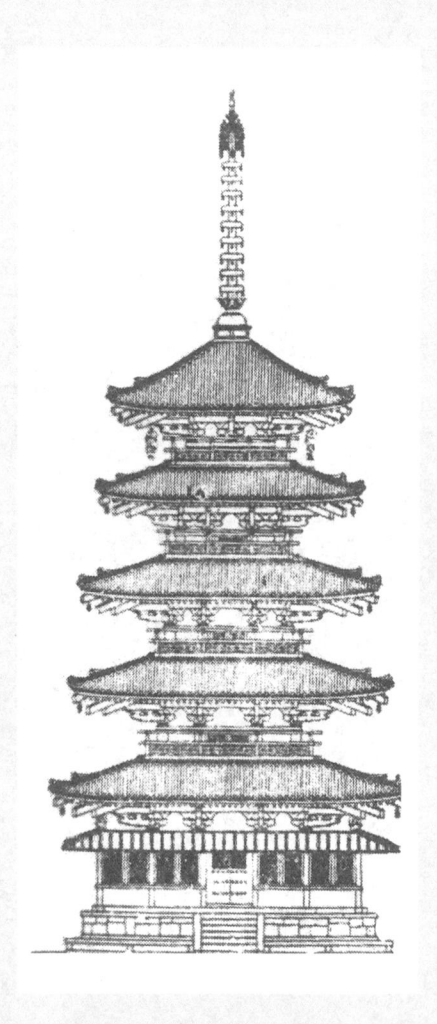

插图十三 日本奈良法隆寺五重塔

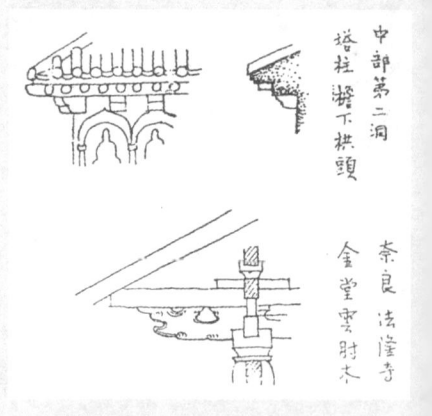

插图十四 中部第二洞塔柱檐下栱头正面（上左）、侧面（上右）及奈良法隆寺金堂云肘木（下）

插图十五 一层塔

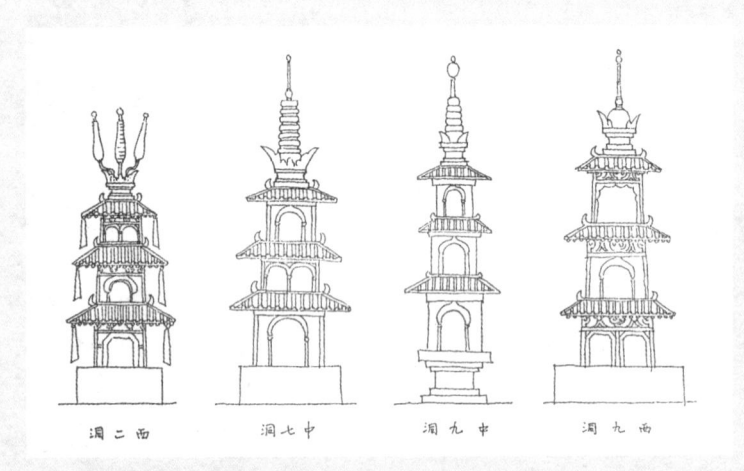

插图十六 云冈石窟浮雕三层塔四种

插图十七 a 云冈中部第一洞浮雕五层塔　　　　　插图十七 b 云冈中部第二洞浮雕五层塔

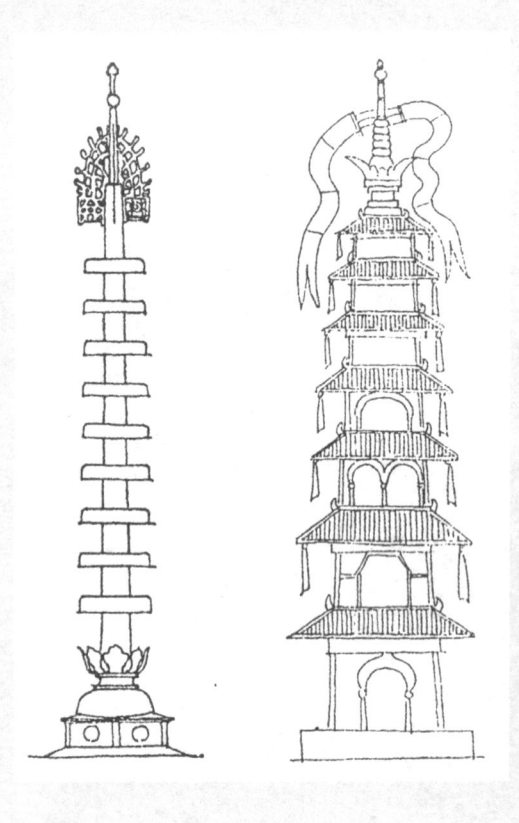

插图十八 云冈石窟中部第七洞浮雕七层塔（右）及日本奈良法隆寺五重塔刹（左）

插图十九 云冈东部第二洞浮雕塔刹

插图二十 云冈中部第二洞佛迹图

插图二十一　中部第八洞东壁浮雕佛殿

插图二十二　云冈中部第八洞西壁浮雕佛像

插图二十三 云冈中部第八洞柱二种——浮雕印度式柱（左）、外廊柱（右）

插图二十四 云冈中部第八洞爱奥尼亚及哥林特式柱并万字栏杆

插图二十五 希腊古 Ionic 式柱头

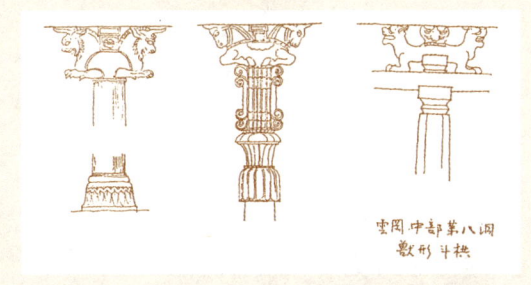

插图二十六 波斯 persepolis 兽形柱头二种、云冈中部第八洞兽形斗拱

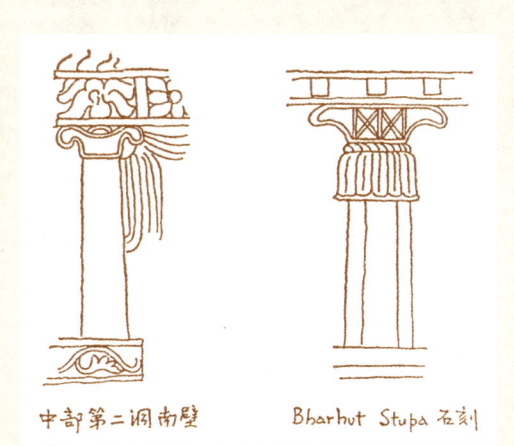

插图二十七 印度"元宝式"柱头

插图二十八 云冈中部第五洞内门

插图二十九 拱龛及三层塔

插图三十 垂幛龛

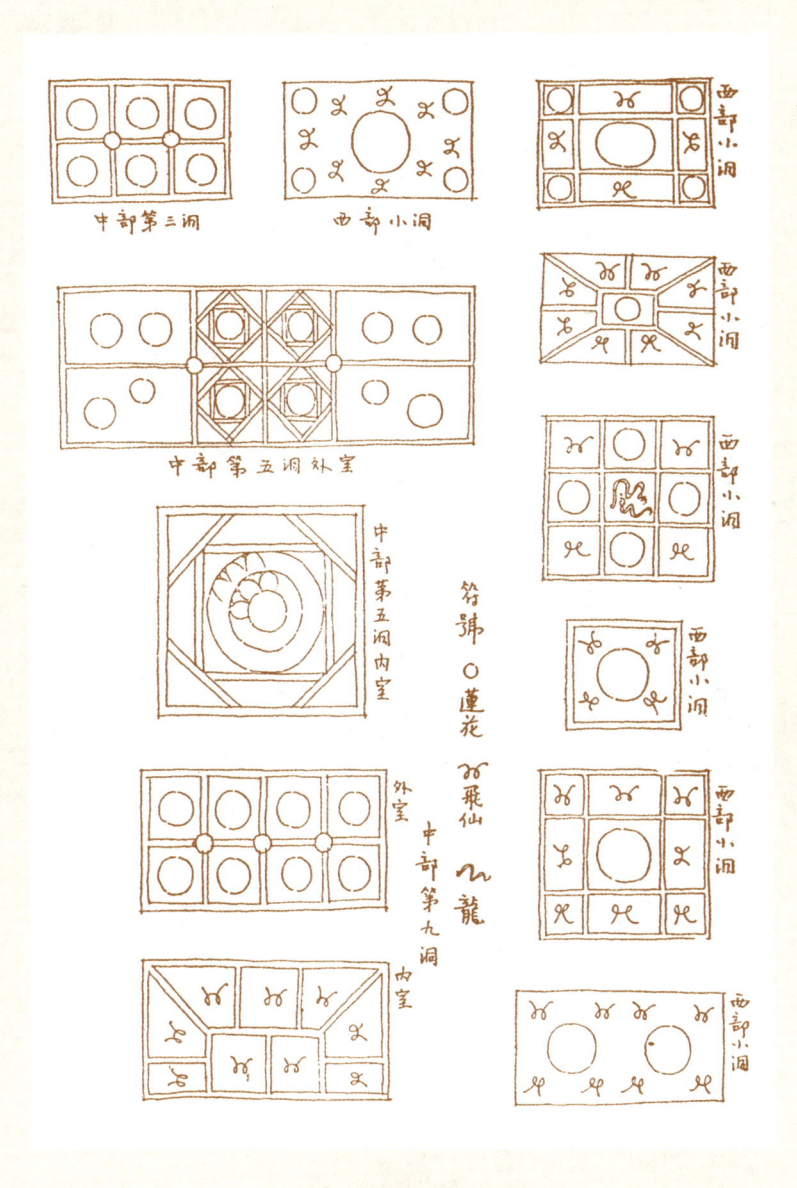

插图三十一 云冈石窟藻井分划法数种

插图三十二　云冈西部某小洞藻井（其一）

插图三十三　云冈西部某小洞藻井（其二）

插图三十四　云冈西部某小洞藻井（其三）

插图三十五 云冈中部第八洞龙文藻井

插图三十六 栱面飞仙

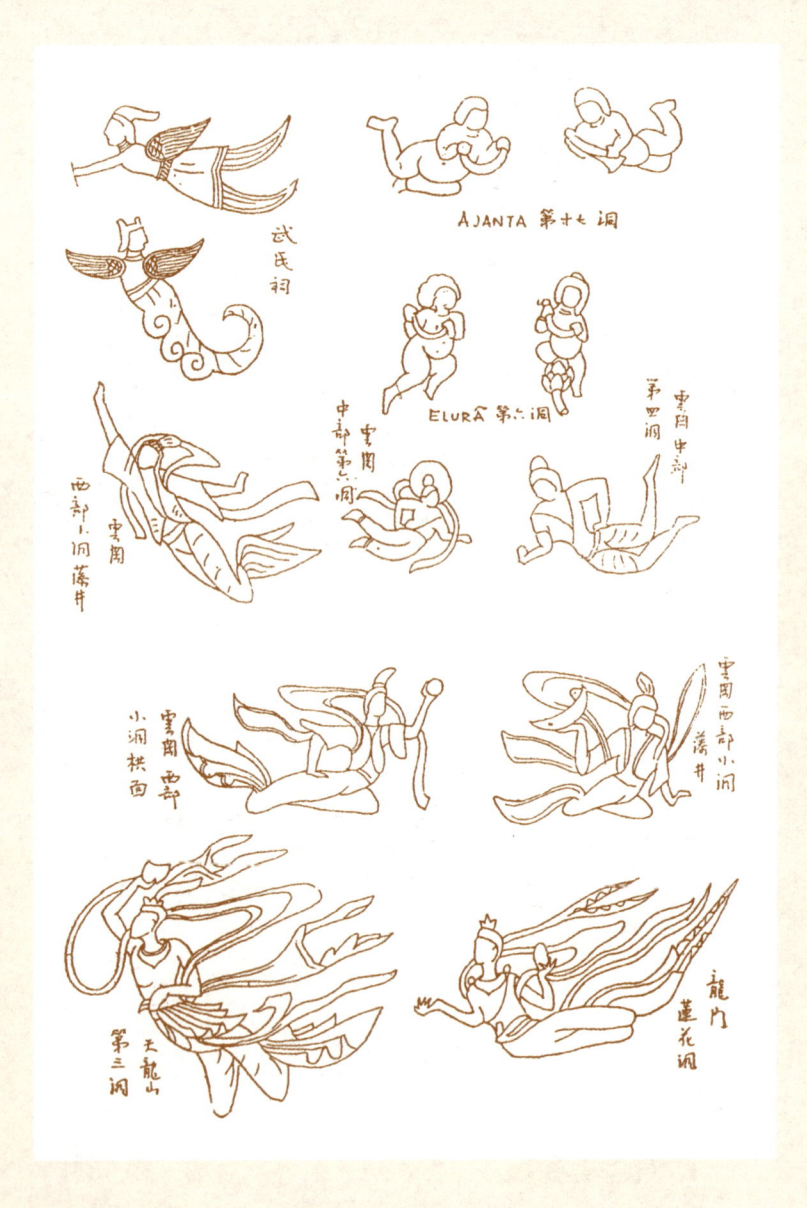

插图三十七 印度汉魏飞天比较

插图三十八 云冈中部诸窟雕饰纹样数种

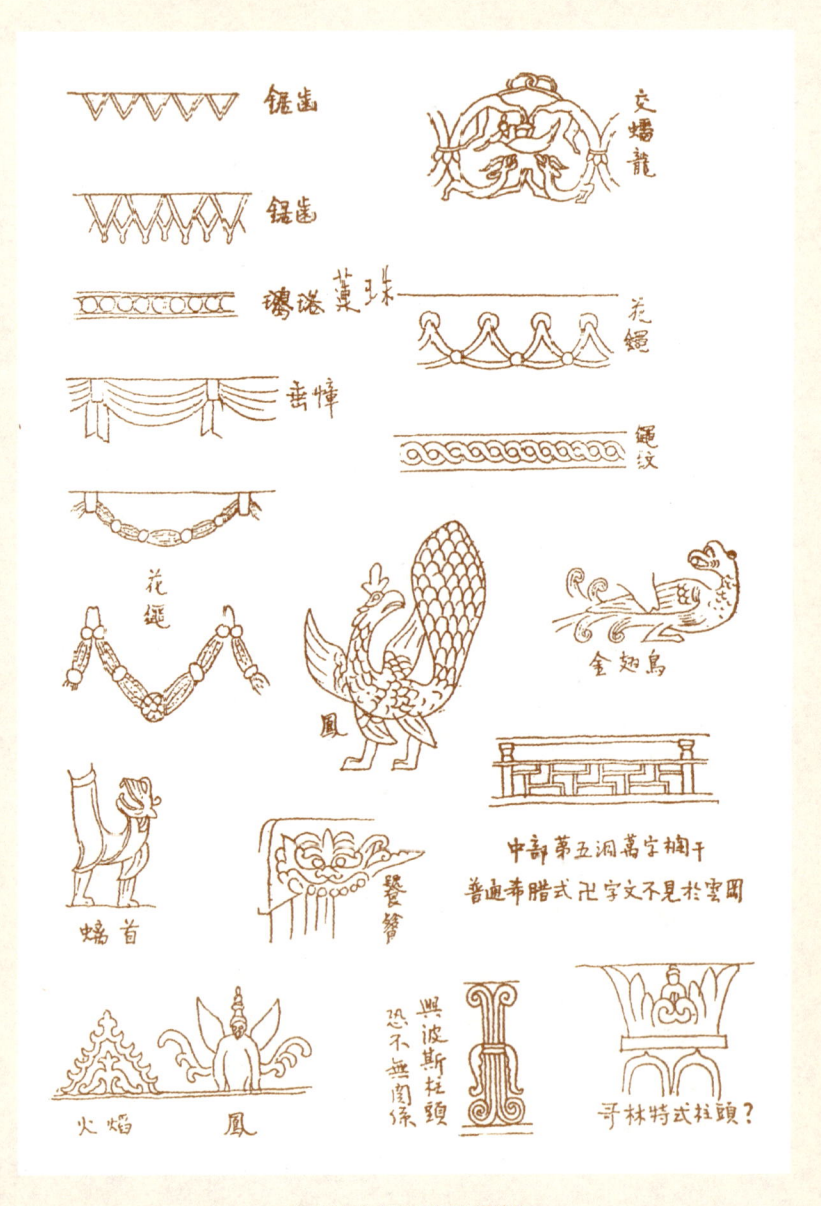

插图三十九　云冈各洞雕饰数种

插图四十 云冈西部第五洞大佛背光装饰

插图四十一 云冈中部第一、第二、第三各洞外部木构正面

插图四十二　云冈中部第二洞外部木构侧面（图中人物为林徽因）

插图四十三　云冈中部第三洞外部木构

插图四十四 敦煌石窟外部木构

插图四十五 云冈中部第八洞外柱

插图四十六 云冈东部第三洞崖上椽孔

插图四十七 云冈别墅建筑时出土莲瓣柱础

> 初刊于一九三四年一月京城印书局印中国营造学社版梁思成著《清式营造则例》，出版时正文第一章之末署名林徽因。梁思成《清式营造则例》序中说："内子林徽因在本书上为我分担的工作，除一绪论外，自开始至脱稿以后数次的增修删改，在照片之摄制及选择，图版之分配上，我实指不出彼此区域，最后更精心校读增删。所以至少说她便是这书一半的著者才对。"

《清式营造则例》
第一章　绪论

一

中国建筑为东方独立系统，数千年来，继承演变，流布极广大的区域。虽然在思想及生活上，中国曾多次受外来异族的影响，发生多少变异，而中国建筑直至成熟繁衍的后代，竟仍然保存着它固有的结构方法及布置规模；始终没有失掉它原始面目，形成一个极特殊，极长寿，极体面的建筑系统。故这系统建筑的特征，足以加以注意的，显然不单是其特殊的形式，而是产生这特殊形式的基本结构方法，和这结构法在这数千年中单纯顺序的演进。

所谓原始面目，即是我国所有建筑，由民舍以至宫殿，均由若干单个独立的建筑物集合而成；而这单个建筑物，由最古代简陋的胎形，到最近代穷奢极巧的殿宇，均始终保留着三个基本要素：台基部分，柱梁或木造部分，及屋顶部分。在外形上，三者之中，最庄严美丽，迥然殊异于他系建筑，为中国建筑博得最大荣誉的，自是屋顶部分。但在技艺上，经过最艰巨的努力，最繁复的演变，登峰造极，在科学美学两层条件下最成功的，却是支承那屋顶的柱梁部分，也就是那全部木造的骨架。这全部木造的结构法，也便是研究中国建筑的关键所在。

中国木造结构方法，最主要的就在构架之应用。北方有句通行的谚语，"墙倒房不塌"，正是这结构原则的一种表征。其用法则在构屋程序中，先用木材构成架子作为骨干，然后加上墙壁，如皮肉之附在骨上，负重部分全赖木架，毫不借重墙壁（所有门窗装修部分绝不受限制，可尽量充满木架下空隙，墙壁部分则可无限制的减少）；这种结构法与欧洲古典派建筑的结构法，在演变的程序上，互异其倾向。中国木构正统一贯享了三千多年的寿命，仍还健在。希腊古代木构建筑则在纪元前十几世纪，已被石取代，由构架变成垒石，支重部分完全倚赖"荷重墙"（墙既荷重，墙上开辟门窗处，因能减损荷重力量，遂受极大限制；门窗与墙在同建筑中乃成冲突原素）。在欧洲各派建筑中，除去最现代始盛行的钢架法，及钢筋水泥构架法外，惟有哥特式建筑，曾经用过构架原理；但哥特式仍是垒石发券作为构架，规模与单纯木架甚是不同。哥特式中又有所谓"半木构法"则与中国构架极相类似。惟因有垒石制影响之同时存在，此种半木构法之应用，始终未能如中国构架之彻底纯净。

屋顶的特殊轮廓为中国建筑外形上显著的特征，屋檐支出的深远则又为其特点之一。为求这檐部的支出，用多层曲木承托，便在中国构架中发生了一个重要的斗栱部分；这斗栱本身的进展，且代表了中国各时代建筑演变的大部分历程。斗栱不唯是中国建筑独有的一个部分，而且在后来还成为中国建筑独有的一种制度。就我们所知，至迟自宋始，斗栱就有了一定的大小权衡；以斗栱之一部为全部建筑物权衡的基本单位，如宋式之"材""栔"与清式之"斗口"。这制度与欧洲文艺复兴以后以希腊罗马旧物作则所制定的法式,以柱径之倍数或分数定建筑物各部一定的权衡极相类似。所以这用斗栱的构架,实是中国建筑真髓所在。

斗栱后来虽然变成构架中极复杂之一部,原始却甚简单,它的历史竟可以说与华夏文化同长。秦汉以前,在实物上,我们现在还没有发现有把握的材料,供我们研究,但在文献里,关于描写构架及斗栱的词句,则多不胜载;如臧文仲之"山节藻棁",鲁灵光殿赋"层栌磥垝以岌峨,曲枅要绍而环句"等。但单靠文人的辞句,没有实物的映证,由现代研究工作的眼光看去极感到不完满。没有实物我们是永没有法子真正认识,或证实,如"山节""层栌""曲枅"这些部分之为何物,但猜疑它们为木构上斗栱部分,则大概不会太谬误的。现在我们只能希望在最近的将来考古家实地挖掘工作里能有所发现,可以帮助我们更确实的了解。

实物真正之有"建筑的"价值者,现在只能上达东汉。墓壁的浮雕画像中（见插图一）往往有建筑的图形;山东、四川、河南多处的墓阙（见插图二）,虽非真正的宫室,但是用石料摹仿木造的实物（早代木造建筑,因限于木料之不永久性,不能完整的存在到今日,所以供给我们研究的古代实物,多半是用石料明显的摹仿木造的建筑物。且此例不单限于中国古代建筑）。在这两种不同的石刻之中,构架上许多重要的基本部分,如柱,梁,额,屋顶,瓦饰等等,多已表现;斗栱更是显著,与两千年后的,在制度,权衡,大小上,虽有不同,但其基本的观念和形体,却是始终一贯的。

在云冈,龙门,天龙山诸石窟,我们得见六朝遗物。其中天龙山石窟,尤为完善（见插图三）,石窟口凿成整个门廊,柱,额,斗栱,椽，檐，瓦，样样齐全。这是当时木造建筑忠实的石型，由此我们可以看到当时斗栱之形制，和结构雄大，简单疏朗的特征。

唐代给后人留下的实物最多是砖塔，垒砖之上又雕刻成木造部分，如柱，如阑额，斗栱。唐时木构建筑完整存在到今日，虽属可能，但在国内至今尚未发现过一个，所以我们常依赖唐人画壁里所描画的伽蓝，殿宇，来作各种参考。由西安大雁塔门楣上石刻——一幅惊人的清晰写真的描画——研究斗栱，知已较六朝更进一步（见插图四）。在柱头的斗栱上有两层向外伸出的翘，翘头上已有横栱厢栱。敦煌石窟中唐五代的画壁（见插图五），用鲜明准确的色与线，表现出当时殿宇楼阁，凡是在建筑的外表上所看得见的结构，都极忠实的表现出来。斗栱虽是难于描画的部分，但在画里却清晰，可以看到规模。当时建筑的成熟实已可观。

全个木造实物，国内虽尚未得见唐以前物，但在日本则有多处，尚巍然存在。其中著名的，如奈良法隆寺之金堂，五重塔，和中门，乃飞鸟时代物，适当隋代，而其建造者乃由高丽东渡的匠师。奈良唐招提寺的金堂及讲堂乃唐僧鉴真法师所立，建于天平时代，适为唐肃宗至德二年。这些都是隋唐时代中国建筑在远处得流传者，为现时研究中国建筑演变的极重要材料；尤其是唐招提寺的金堂，斗栱的结构与大雁塔石刻画中的斗栱结构，几完全符合——一方面证明大雁塔刻画之可靠，一方面又可以由这实物一探当时斗栱结构之内部。

宋辽遗物甚多，即限于已经专家认识，摄影，或测绘过的各处来说，最古的已有距唐末仅数十年时的遗物。近来发现又重新刊行问世的李明仲《营造法式》一书，将北宋晚年"官式"建筑，详细的用图样说明，乃是罕中又罕的术书。于是宋代建筑蜕变的程序，步步分明。使我们对这上承汉唐，下启明清的关键，已有十分满意的把握。

元明术书虽然没有存在的，但遗物可征者，现在还有很多，不难加以相当整理。清代于雍正十二年钦定公布《工程做法则例》，凡在北平的一切公私建筑，在京师以外许多的"敕建"建筑，都崇奉则例，不敢稍异。现在北平的故宫及无数庙宇，可供清代营造制度及方法之研究。优劣姑不论，其为我国几千年建筑的嫡嗣，则绝无可疑。不研究中国建筑则已，如果认真研究，则非对清代则例相当熟识不可。在年代上既不太远，术书遗物又最完全，先着手研究清代，是势所必然。有一近代建筑知识作根底，研究古代建筑时，在比较上便不至茫然无所依傍，所以研究清式则例，也是研究中国建筑史者所必须经过的第一步。

二

以现代眼光，重新注意到中国建筑的一般人，虽然尊崇中国建筑特殊外形的美丽，却常忽视其结构上之价值。这忽视的原因，常常由于笼统的对中国建筑存一种不满的成见。这不满的成见中最重要的成分，是觉到中国木造建筑之不能永久。其所以不能永久的主因，究为材料本身或是其构造法的简陋，却未尝深加探讨。中国建筑在平面上是离散的，若干座独立的建筑物，分配在院宇各方，所以虽然最主要雄伟的宫殿，若是以一座单独的结构，与欧洲任何全座负盛名的石造建筑物比较起来，显然小而简单，似有逊色。这个无形中也影响到近人对本国建筑的怀疑或蔑视。

中国建筑既然有上述两特征；以木材作为主要结构材料，在平面上是离散的独立的单座建筑物，严格的，我们便不应以单座建筑作为单位，与欧美全座石造繁重的建筑物作任何比较。但是若以今日西洋建筑学和美学的眼光来观察中国建筑本身之所以如是，和其结构历来所本的原则，及其所取的途径，则这统系建筑的内容，的确是最经得起严酷的分析而无所惭愧的。

我们知道一座完善的建筑，必须具有三个要素：适用，坚固，美观。但是这三个条件都不是有绝对的标准的。因为任何建筑皆不能脱离产生它的时代和环境来讲的；其实建筑本身常常是时代环境的写照。建筑里一定不可避免的，会反映着各时代的智识，技能，思想，制度，习惯，和各地方的地理气候。所以所谓适用者，只是适合于当时当地人民生活习惯气候环境而讲。所谓坚固，更不能脱离材料本质而论；建筑艺术是产生在极酷刻的物理限制之下，天然材料种类很多，不一定都凑巧的被人采用，被选择采用的材料，更不一定就是最坚固，最容易驾驭的。既被选用的材料，人们又常常习惯的继续将就它，到极长久的时间，虽然在另一方面，或者又引用其它材料，方法，在可能范围内来补救前者的不足。所以建筑艺术的进展，大部也就是人们选择，驾驭，征服天然材料的试验经过。所谓建筑的坚固，只是不违背其所用材料之合理的结构原则，运用通常智识技巧，使其在普通环境之下——兵火例外——能有相当永久的寿命的。例如石料本身比木料坚固，然在中国用木的方法竟达极高度的圆满，而用石的方法甚不妥当，且建筑上各种问题常不能独用石料解决，即有用石料处亦常发生弊病，反比木质的部分容易损毁。

至于论建筑上的美，浅而易见的，当然是其轮廓，色彩，材质等，但美的大部分精神所在，却蕴于其权衡中；长与短之比，平面上各大小部分之分配，立体上各体积各部分之轻重均等，所谓增一分则太长，减一分则太短的玄妙。但建筑既是主要解决生活上的各种实际问题，而用材料所结构出来的物体，所以无论美的精神多缥缈难以捉摸，建筑上的美，是不能脱离合理的，有机能的，有作用的结构而独立。能呈现平稳，舒适，自然的外象；能诚实的袒露内部有机的结构，各部的功用，及全部的组织；不事掩饰；不矫揉造作；能自然的发挥其所用材料的本质的特性；只设施雕饰于必需的结构部分，以求更和悦的轮廓，更谐调的色彩；不勉强结构出多余的装饰物来增加华丽；不滥用曲线或色彩来求媚于庸俗；这些便是"建筑美"所包含的各条件。

中国建筑，不容疑义的，曾经具备过以上所说的三个要素：适用，坚固，美观。在木料限制下经营结构"权衡俊美的"，"坚固"的各种建筑物，来适应当时当地的种种生活习惯的需求。我们只说其"曾经"具备过这三要素；因为中国现代生活种种与旧日积渐不同。所以旧制建筑的各种分配，随着便渐不适用。尤其是因政治制度，和社会组织忽然改革，迥然与先前不同；一方面许多建筑物完全失掉原来功用——如宫殿，庙宇，官衙，城楼等等；——一方面又需要因新组织而产生的许多公共建筑——如学校，医院，工厂，驿站，图书馆，体育馆，博物馆，商场等等；——在适用一条下，现在既完全的换了新问题，旧的答案之不能适应，自是理之当然。

中国建筑坚固问题，在木料本质的限制之下，实是成功的，下文分析里，更可证明其在技艺上，有过极艰巨的努力，而得到许多圆满，且可骄傲的成绩。如"梁架"，如"斗栱"，如"翼角翘起"种种结构做法及用材。直至最近代科学猛进，坚固标准骤然提高之后，木造建筑之不永久性，才令人感到不满意。但是近代新发明的科学材料，如钢架及钢骨水泥，作木石的更经济更永久的替代，其所应用的结构原则，却正与我们历来木造结构所本的原则符合。所以即使木料本身有遗憾，因木料所产生的中国结构制度的价值则仍然存在，且这制度的设施，将继续的应用在新材料上，效劳于我国将来的新建筑。这一点实在是值得注意的。

已往建筑即使因人类生活状态之更换，至失去原来功用，其历史价值不论，其权衡俊秀或魁伟，结构灵活或诚朴，其纯美术的价值仍显然绝不能讳认的。古埃及的陵殿，希腊的神庙，中世纪的堡垒，文艺复兴中的宫苑，皆是建筑中的至宝，虽然其原始作用已全失去。虽然建筑的美术价值不会因原始作用失去而低减，但是这建筑的"美"却不能脱离适当的，有机的，有作用的结构而独立的。

中国建筑的美就是合于这原则；其轮廓的和谐，权衡的俊秀伟丽，大部分是有机，有用的，结构所直接产生的结果。并非因其有色彩，或因其形式特殊，我们才推崇中国建筑；而是因产生这特殊式样的内部是智慧的组织，诚实的努力。中国木造构架中凡是梁，栋，檩，椽，及其承托，关联的结构部分，全部袒露无遗；或稍经修饰，或略加点缀，大小错杂，功用昭然。

三

虽然中国建筑有如上述的好处，但在这三千年中，各时期差别很大，我们不能笼统的一律看待。大凡一种艺术的始期，都是单简的创造，直率的尝试；规模粗具之后，才节节进步使达完善，那时期的演变常是生气勃勃的。成熟期既达，必有相当时期因承相袭，规定则例，即使对前制有所更改，亦仅限于琐节。单在琐节上用心"过尤不及"的增繁弄巧，久而久之，原始骨干精神必至全然失掉，变成无意义的形式。中国建筑艺术在这一点上也不是例外，其演进和退化的现象极明显的，在各朝代的结构中，可以看得出来。唐以前的，我们没有实物作根据，但以我们所知道的早唐和宋初实物比较，其间显明的进步，使我们相信这时期必仍是生气勃勃，一日千里的时期。结构中含蕴早期的直率及魄力，而在技艺方面又渐精审成熟。以宋代头一百年实物和北宋末年所规定的则例（宋李明仲《营造法式》）比看，它们相差之处，恰恰又证实成熟期到达后，艺术的运命又难免趋向退化。但建筑物的建造不易，且需时日，它的寿命最短亦以数十年，半世纪计算。所以演进退化，也都比较和缓转折。所以由南宋而元而明而清八百余年间，结构上的变化，虽无疑的均趋向退步，但中间尚有起落的波澜，结构上各细部虽多已变成非结构的形式，用材方面虽已渐渐过当的不经济，大部分骨干却仍保留着原始结构的功用，构架的精神尚挺秀健在。

现在且将中国构架中大小结构各部作个简单的分析，再将几个部分的演变略为申述，俾研究清式则例的读者，稍识那些严格规定的大小部分的前身，且知分别何者为功用的，魁伟诚实的骨干，何者为功用部分之堕落，成为纤巧非结构的装饰物。即引用清式则例之时，若需酌量增减变换，亦可因稍知其本来功用而有所凭借，或恢复其结构功用的重要，或矫正其纤细取巧之不适当者，或裁削其不智慧的奢侈的用材。在清制权衡上既知其然，亦可稍知其所以然。

构架 木造构架所用的方法，是在四根立柱的上端，用两横梁两横枋周围牵制成一间。再在两梁之上架起层叠的梁架，以支桁；桁通一间之左右两端，从梁架顶上脊瓜柱上，逐级降落，至前后枋上为止。瓦坡曲线即由此而定。桁上钉椽，排比并列，以承望板；望板以上始铺瓦作，这是构架制骨干最简单的说法。这"间"所以是中国建筑的一个单位；每座建筑物都是由一间或多间合成的。

这构架方法之影响至其外表式样的，有以下最明显的几点：（一）高度受木材长短之限制，绝不出木材可能的范围。假使有高至二层以上的建筑，则每层自成一构架，相叠构成，如希腊，罗马之叠柱式。（二）即极庄严的建筑，也呈现绝对玲珑的外表。结构上无论建筑之大小，绝不需要坚厚的负重墙，除非故意为表现雄伟时，如城楼等建筑，酌量的增厚。（三）门窗大小可以不受限制；柱与柱之间可以全部安装透光线的小木作——门屏窗扇之类，使室内有充分的光线。不似垒石建筑门窗之为负重墙上的洞，门窗之大小与墙之坚弱是成反比例的。（四）层叠的梁架逐层增高，成"举架法"，使屋顶瓦坡自然的，结构的获得一种特别的斜曲线。

斗栱 中国构架中最显著且独有的特征便是屋顶与立柱间过渡的斗栱。椽出为檐，檐承于檐桁上，为求檐伸出深远，故用重叠的曲木——翘——向外支出，以承挑檐桁。为求减少桁与翘相交处的剪力，故在翘头加横的曲木——栱。在栱之两端或栱与翘相交处，用斗形木块——斗——垫托于上下两层栱或翘之间。这多数曲木与斗形木块结合在一起，用以支撑伸出的檐者，谓之斗栱。

这檐下斗栱的职能，是使房檐的重量渐次集中下来直到柱的上面。但斗栱亦不限于檐下，建筑物内部柱头上亦多用之，所以斗栱不分内外，实是横展结构与立柱间最重要的关节。

在中国建筑演变中，斗栱的变化极为显著，竟能大部分的代表各时期建筑技艺的程度及趋向。最早的斗栱实物我们没有木造的，但由仿木造的汉石阙上看，这种斗栱，明显的较后代简单得多；由斗上伸出横，栱之两端承檐桁。不止我们不见向外支出的翘，即和清式最简单的"一斗三升"比较，中间的一升亦未形成（虽有，亦仅为一小斗介于栱之两端）。直至北魏北齐如云冈天龙山石窟前门，始有斗栱像今日的一斗三升之制。唐大雁塔石刻门楣上所画斗栱，给与我们证据，唐时已有前面向外支出的翘（宋称华栱），且是双层，上层托着横栱，然后承桁。关于唐代斗栱形状，我们所知道的，不只限于大雁塔石刻，鉴真所建奈良唐招提寺金堂，其斗栱结构与大雁塔石刻极相似，由此我们也稍知此种斗栱后尾的结束。进化的斗栱中最有机的部分，"昂"，亦由这里初次得见。

国内我们所知道最古的斗栱结构，则是思成前年在河北蓟县所发现的独乐寺的观音阁（见插图六），阁为北宋初年（公元九八四年）物，其斗栱结构的雄伟，诚实，一望而知其为有功用有机能的组织。这个斗栱中两昂斜起，向外伸出特长，以支深远的出檐，后尾斜削挑承梁底，如是故这斗栱上有一种应力；以昂为横杆，以大斗为支点，前檐为荷载，而使昂后尾下金桁上的重量下压维持其均衡。斗栱成为一种有机的结构，可以负担屋顶的荷载。

由建筑物外表之全部看来，独乐寺观音阁与敦煌的五代壁画极相似，连斗栱的构造及分布亦极相同。以此作最古斗栱之实例，向下跟着时代看斗栱演变的步骤，以至清代，我们可以看出一个一定的倾向，因而可以定清式斗栱在结构和美术上的地位。

插图七是辽宋元明清斗栱比较图，不必细看，即可见其（一）由大而小；（二）由简而繁；（三）由雄壮而纤巧；（四）由结构的而装饰的；（五）由真结构的而成假刻的部分如昂部；（六）分布由疏朗而繁密。

图中斗栱 a 及 b 都是辽圣宗朝物，可以说是北宋初年的作品。其高度约占柱高之半至五分之二。f 柱与 b 柱同高，斗栱出踩较多一踩，按《工程做法则例》的尺寸，则斗栱高只及柱高之四分之一。而辽清间的其他斗栱如 c，d，e，f，年代逾后，则斗栱与柱高之比逾小。在比例上如此，实际尺寸亦如此。于是后代的斗栱，日趋繁杂纤巧，斗栱的功用，日渐消失；如斗栱原为支檐之用，至清代则将挑檐桁放在梁头上，其支出远度无所赖于层层支出的曲木（翘或昂）。而辽宋斗栱，如 a 至 d 各图，均为一种有机的结构，负责的承受檐及屋顶的荷载。明清以后的斗栱，除在柱头上者尚有相当结构机能外，其平身科已成为半装饰品了。至于斗栱之分布，在唐画中及独乐寺所见，柱头与柱头之间，率只用补间斗栱（清称平身科）一朵（攒）；《营造法式》规定当心间用两朵，次梢间用一朵。至明清以斗口十一分定攒档，两柱之间，可以用到八攒平身科，密密的排列，不止全没有结构价值，本身反成为额枋上重累，比起宋建，雄壮豪劲相差太多了。

梁架用材的力学问题，清式较古式及现代通用的结构法，都有个显著的大缺点。现代用木梁，多使梁高与宽作二与一或三与二之比，以求其最经济最得力的权衡。宋《营造法式》也规定为三与二之比。《工程做法则例》则定为十与八或十二与十之比，其断面近乎正方形，又是个不科学不经济的用材法。

屋顶　历来被视为极特异极神秘之中国屋顶曲线，其实只是结构上直率自然的结果，并没有什么超出力学原则以外和矫揉造作之处，同时在实用及美观上皆异常的成功。这种屋顶全部的曲线及轮廓，上部巍然高耸，檐部如翼轻展，使本来极无趣，极笨拙的实际部分，成为整个建筑物美丽的冠冕，是别系建筑所没有的特征。

因雨水和光线的切要实题，屋顶早就扩张出檐的部分。出檐远，檐沿则亦低压，阻碍光线，且雨水顺势急流，檐下亦发生溅水问题。为解决这两个问题，于是有飞檐的发明：用双层椽子，上层椽子微曲，使檐沿向上稍翻成曲线。到屋角时，更同时向左右抬高，使屋角之檐加甚其仰翻曲度。这"翼角翘起"，在结构上是极合理，极自然的布置，我们竟可以说：屋角的翘起是结构法所促成的。因为在屋角两檐相交处的那根主要构材——"角梁"及上段"由戗"——是较椽子大得很多的木材，其方向是与建筑物正面成四十五度的，所以那并排一列椽子，与建筑物正面成直角的，到了靠屋角处必须积渐开斜，使渐平行于角梁，并使最后一根直到紧贴在角梁旁边。但又因椽子同这角梁的大小悬殊，要使椽子上皮与角梁上皮平，以铺望板，则必须将这开舒的几根椽子依次抬高，在底下垫"枕头木"。凡此种种皆是结构上的问题适当的，被技巧解决了的。

这道曲线在结构上几乎是不可信的简单和自然；而同时在美观

上不知增加多少神韵。不过我们须注意过当或极端的倾向，常将本来自然合理的结构变成取巧和复杂。这过当的倾向，表面上且呈出脆弱虚矫的弱点，为审美者所不取。但一般人常以愈巧愈繁必是愈美，无形中多鼓励这种倾向。南方手艺灵活的地方，飞檐及翘角均特别过当，外观上虽有浪漫的姿态，容易引人赞美，但到底不及北方现代所常见的庄重恰当，合于审美的真纯条件。

屋顶的曲线不只限于"翼角翘起"与"飞檐"，即瓦坡的全部，也是微曲的不是一片直的斜坡；这曲线之由来乃从梁架逐层加高而成，称为"举架"，使屋顶斜度越上越峻峭，越下越和缓。《考工记》"轮人为盖……上欲尊而宇欲卑，上尊而宇卑，则吐水疾而溜远"，很明白的解释这种屋顶实际上的效用。在外观上又因这"上尊而宇卑"，可以矫正本来屋脊因透视而减低的倾向，使屋顶仍得巍然屹立，增加外表轮廓上的美。

至于屋顶上许多装饰物，在结构上也有它们的功用，或是曾经有过功用的。诚实的来装饰一个结构部分，而不肯勉强的来掩蔽一个结构枢纽或关节，是中国建筑最长之处；在屋顶瓦饰上，这原则仍是适用的。脊瓦是两坡接缝处重要的保护者，值得相当的注意，所以有正脊垂脊等部之应用。又因其位置之重要，略异其大小，所以正脊比垂脊略大。正脊上的正吻和垂脊上的走兽等等，无疑的也曾是结构部分。我们虽然没有证据，但我们若假定正吻原是管着脊部木架及脊外瓦盖的一个总关键，也不算一种太离奇的幻想；虽然正吻形式的原始，据说是因为柏梁台灾后，方士说"南海有鱼虬，尾似鸱，激浪降雨"，所以做成鸱尾象，以厌火样的。垂脊下半的走兽仙人，或是斜脊上钉头经过装饰以后的变形。每行瓦陇前头一块上面至今尚有盖钉头的钉帽，这钉头是防止瓦陇下溜的。垂脊上饰物本来必不如清式复杂，敦煌壁画里常见用两座"宝珠"，显然像木钉的上部略经雕饰的。垂兽在斜脊上段之末，正分划底下骨架里由戗与角梁的节段，使这个瓦脊上饰物，在结构方面又增一种意义，不纯出于偶然。

台基 台基在中国建筑里也是特别发达的一部，也有悠久的历史。《史记》里"尧之有天下也，堂高三尺"。汉有三阶之制，左碱右平；三阶就是基台，碱即台阶的踏道，平即御路。这台基部分如希腊建筑的台基一样，是建筑本身之一部，而不可脱离的。在普通建筑里，台基已是本身中之一部，而在宫殿庙宇中尤为重要。如北平故宫三殿，下有白石崇台三重，为三殿作基座，如汉之三阶。这正足以表示中国建筑历来在布局上也是费了精详的较量，用这舒展的基座，来托衬壮伟巍峨的宫殿。在这点上日本徒知摹仿中国建筑的上部，而不采用底下舒展的基座，致其建筑物常呈上重下轻之势。近时新建筑亦常有只注重摹仿旧式屋顶而摒弃底下基座的。所以那些多层的所谓仿宫殿式的崇楼华宇，许多是生硬的直出泥上，令人生不快之感。

关于台基的演变，我不在此赘述，只提出一个最值得注意之点来以供读《清式则例》时参考。台基有两种：一种平削方整的；另一种上下加枭混，清式称须弥座台基。这须弥座台基就是台基而加雕饰者，唐时已有，见于壁画，宋式更有见于实物的，且详载于《营造法式》中。但清式须弥座台基与唐宋的比较有个大不相同处；清式称"束腰"的部分，介于上下枭混之间，是一条细窄长道，在前时却是较大的主要部分——可以说是整个台基的主体。所以唐宋的须弥座基一望而知是一座台基上下加雕饰者,而清式的上下枭混与束腰竟是不分宾主,使台基失掉主体而纯像雕纹,在外表上大减其原来雄厚力量。在这一点上我们便可以看出清式在雕饰方面加增华丽,反倒失掉主干精神,实是个不可讳认的事实。

色彩 色彩在中国建筑上所占的位置,比在别式建筑中重要得多,所以也成为中国建筑主要特征之一。油漆涂在木料上本来为的是避免风日雨雪的侵蚀;因其色彩分配的得当,所以又兼收实用与美观上的长处,不能单以色彩作奇特繁杂之表现。中国建筑上色彩之分配,是非常慎重的。檐下阴影掩映部分,主要色彩多为"冷色",如青蓝碧绿,略加金点。柱及墙壁则以母赤为其主色,与檐下幽阴里冷色的彩画正相反其格调。有时庙宇的柱廊竟以黑色为主,与阶陛的白色相映衬。这种色彩的操纵可谓轻重得当,极含蓄的能事。我们建筑既为用彩色的,设使这些色彩竟滥用于建筑之全部,使上下耀目辉煌,势必鄙俗妖冶,乃至野蛮,无所谓美丽和谐或庄严了。琉璃于汉代自罽宾传入中国;用于屋顶当始于北魏,明清两代,应用尤广,这个由外国传来的宝贵建筑材料,更使中国建筑放一异彩。本来轮廓已极优美的屋宇,再加以琉璃色彩的宏丽,那建筑的冠冕便几无瑕疵可指。但在瓦色的分配上也是因为操纵得宜;尊重纯色的庄严,避免杂色的猥琐,才能如此成功。琉璃瓦即偶有用多色的例,亦只限于庭园小建筑物上面,且用色并不过滥,所砌花样亦能单简不奢。既用色彩又能俭约,实是我们建筑术中值得自豪的一点。

平面 关于中国建筑最后还有个极重要的讨论:那就是它的平面布置问题。但这个问题广大复杂,不包括于本绪论范围之内,现在不能涉及。不过有一点是研究清式则例者不可不知的，当在此略一提到。凡单独一座建筑物的平面布置，依照清《工部工程做法》所规定，虽其种类似乎众多不等，但到底是归纳到极呆板，极简单的定例。所有均以四柱牵制成一间的原则为主体的，所以每座建筑物中柱的分布是极规则的。但就我们所知道宋代单座遗物的平面看来，其布置非常活动，比起清式的单座平面自由得多了。宋遗物中虽多是庙宇，但其殿里供佛设座的地方，两旁供立罗汉的地方，每处不同。在同一殿中，柱之大小有几种不同的，正间、梢间柱的数目地位亦均不同的（参看中国营造学社各期《汇刊》辽宋遗物报告）。

所以宋式不止上部结构如斗栱斜昂是有机的组织，即其平面亦为灵活有功用的布置。现代建筑在平面上需要极端的灵活变化，凡是试验采用中国旧式建筑改为现代用的建筑师们，更不能不稍稍知道清式以外的单座平面，以备参考。

工程 现在讲到中国旧的工程学，本是对于现代建筑师们无所补益的，并无研究的价值。只是其中有几种弱点，不妨举出供读者注意而已。

（一）清代匠人对于木料，尤其是梁，往往用得太费。这点上文已讨论过。他们显然不明了横梁载重的力量只与梁高成正比例，而与梁宽的关系较小。所以梁的宽度，由近代工程学的眼光看来，往往嫌其太过。同时匠师对于梁的尺寸，因没有计算木力的方法，不得不尽量放大，用极高的安全率，以避免危险。结果不但是木料之大糜费，而且因梁本身重量太重，以致影响及于下部的坚固。

（二）中国匠师素不用三角形。他们虽知道三角形是惟一不变动几何形，但对于这原则却极少应用。在清式构架中，上部既有过重的梁，又没有用三角形支撑的柱，所以清代的建筑，经过不甚长久的岁月，便有倾斜的危险。北平街上随处有这种已倾斜而用砖墩或木柱支撑的房子。

（三）地基太浅是中国建筑的一个大病。普通则例规定是台明高之一半，下面垫几步灰土。这种做法很不彻底，尤其是在北方，地基若不刨到冰线以下，建筑物的安全方面，一定要发生问题。

好在这几个缺点，在新建筑师手里，根本就不成问题。我们只怕不了解，了解之后，去避免或纠正它是很容易的。

上文已说到艺术有勃起，呆滞，衰落，各种时期，就中国建筑讲，宋代已是规定则例的时期，留下《营造法式》一书；明代的《营造法式》虽未发见，清代的《工程做法则例》却极完整。所以就我们所确知的则例，已有将近千年的根基了。这九百多年之间，建筑的气魄和结构之直率，的确一代不如一代，但是我认为还在抄袭时期；原始精神尚大部保存，未能说是堕落。可巧在这时间，有新材料新方法在欧美产生，其基本原则适与中国几千年来的构架制同一学理。而现代工厂，学校，医院，及其他需要光线和空气的建筑，其墙壁门窗之配置，其铁筋混凝土及钢骨的构架，除去材料不同外，基本方法与中国固有的方法是相同的。这正是中国老建筑产生新生命的时期。在这时期，中国的新建筑师对于他祖先留下的一份产业实在应当有个充分的认识。因此思成将他所已知道的比较详尽的清式则例整理出来，以供建筑师们和建筑学生们的参考。他嘱我为作绪论，申述中国建筑之沿革，并略论其优劣，我对于中国建筑沿革所识几微，优劣的评论，更非所敢。姑草此数千言，拉杂成此一篇，只怕对《清式则例》读者无所裨益但乱听闻。不过我敢对读者提醒一声，规矩只是匠人的引导，创造的建筑师们和建筑学生们，虽须要明了过去的传统规矩，却不要盲从则例，束缚自己的创造力。我们要记着一句普通谚语："尽信书不如无书。"

林徽音
中华民国二十三年一月

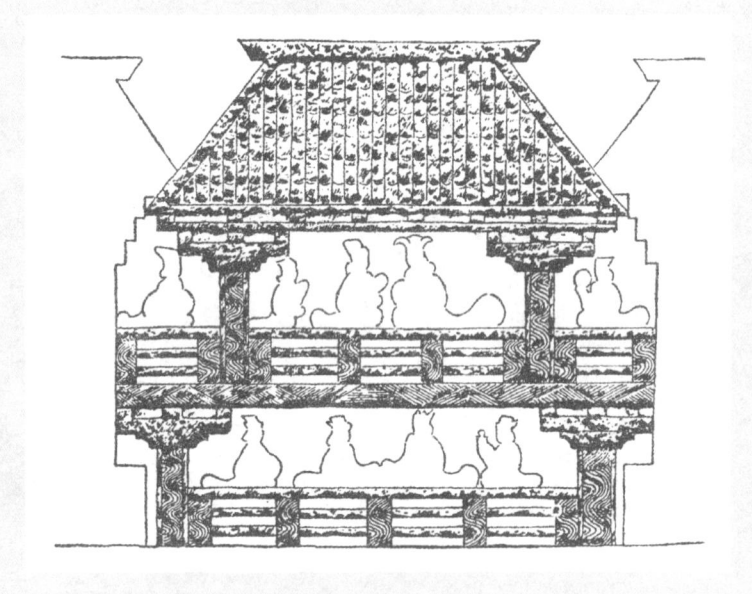

插图一 汉代画像中之建筑

插图二 汉墓石阙

插图三 山西天龙山石窟（北齐）

插图四 西安大雁塔门楣石刻

插图五 敦煌壁画中之建筑

插图六 河北蓟县独乐寺观音阁（辽代建筑）

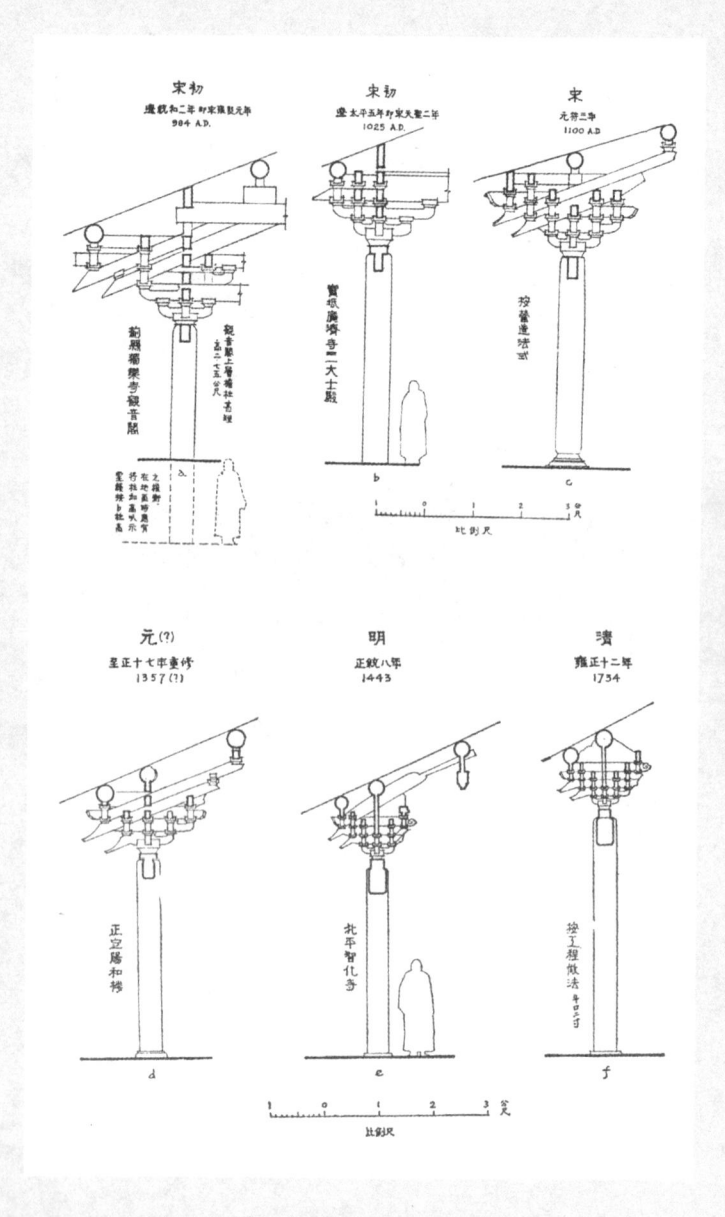

插图七 宋元明清斗栱之比较

初刊于一九三五年二月二十三日《大公报》"艺术周刊"第二十五期。后来本文又在《中国营造学社汇刊》第五卷第四期转载，转载时改题为《平郊建筑杂录·续》。署名林徽因、梁思成。

由天宁寺谈到建筑年代之鉴别问题

北平广安门外天宁寺塔的研究，已在我们《平郊建筑杂录》的初稿中静睡了年余，一年来，我们在内地各处跑了些路，反倒和北平生疏了许多。近郊虽近，在我们心里却像远了一些，许多地方竟未再去图影实测。于是一年半前所关怀的平郊胜迹，那许多美丽的塔影，城角，小楼，残碣全都淡淡的，委曲的在角落里初稿中尽睡着下去。

前几天《大公报》上（本市副刊版）有篇《天宁寺写生记》，白纸上印着黑的大字"隋朝古塔至今巍然矗立，浮雕精妙纯为唐人作风"这样赫然惊人的标题一连登了三日，我们不会描写我们当日所受的感觉是如何的，反正在天宁寺底下有那么大字的隋唐的标题，那么武断大意的鉴定（显然误于康熙乾隆浪漫的碑文），在我们神经上的影响，颇像根针刺，煞是不好受。

具体点讲，我们想到国内爱好美术古迹的人日渐增加，爱慕北平名胜者更不知凡几，读到此种登载，或从此刻入印象中一巍然燕郊隋塔，访古寻胜，传说远近，势必影响及国人美术常识，殊觉可憾。不客气点，或者可说心里起了类似良心上责任问题，感到要写篇我们关于如何鉴定天宁寺塔的文字，供研究者之参考。

不过这不是说，我们关于天宁寺塔建造的年代，有一个单独的，秘密的铁证在手里。却正是说我们关于这塔的传说，及其近代碑记，有极大疑问，所以向着塔的本身要证据。塔既不会动，他的年代证据，如同其他所有古建一样，又都明显的放在他的全身上下，只要有人作过实物比较工作的，肯将这一切逐件指点出来，多面的引证反证，谁也可以明白这塔之绝不能为隋代物。

国内隋唐遗建，纯木者尚未得见，砖石者亦大罕贵，但因其为佛教全盛时代，常大规模的遗留图画雕刻教迹于各处如敦煌云冈龙门等等，其艺术作风，建筑规模，或花纹手法，则又为研究美术者所熟审。宋辽以后遗物虽有不载朝代年月的，可考者终是较多，且同时代，同式样，同一作风的遗物亦较繁夥，互相印证比较容易，故前人泥于可疑的文献，相传某物为某代原物的，今日均不难以实物比较方法，用科学考据态度，重新探讨，辩证其确实时代。这本为今日治史及考古者最重要亦最有趣的工作。

本来我们的《平郊建筑杂录》的定例，不录无自己图影或测绘的古迹，且均附游记，但是这次不得不例外。原因是我（徽因）见了"艺术周刊"已预告的文章一篇，一时因图片关系交不了卷，近日这天宁寺又尽在我们心里欠伸活动，再也不肯在稿件中间继续睡眠状态，所以我们决意不待细测全塔，先将对天宁寺简略的考证及鉴定，提早写出，聊作我们对于鉴别建筑年代方法程序的意见，以供同好者的参考。希望各处专家读者给以指正。

广安门外天宁寺塔，是属于那种特殊形式，研究塔者常直称其为"天宁式"的，因为此类塔散见于北方各地，自成一派，天宁则又是其中规模最大者(见图一)。此塔不仅是北平近郊古建遗迹之一，且是历来传说中颇多认为隋朝建造的实物。但其塔型显然为辽金最普通的式样，细部手法亦均未出宋辽规制范围，关于塔之文献方面材料又全属于可疑一类，直至清代碑记，及《冷然志》，《顺天府志》等，始以坚确口气直称其为隋建。传说塔最上一层南面有碑*《日下旧闻考》引《冷然志》。关于其建造年代，将来或可找到确证，今姑分文献材料及实物作风两方面而讨论之。讨论之前，先略述今塔的形状如下。

简略的说，塔的平面为八角形，立面显著的分三部：一、繁复之塔座，二、较塔座略细之第一层塔身，三、以上十二层支出的密檐。全塔砖造高五七.八〇公尺，合国尺十七丈有奇。

塔建于一方形大平台之上，平台之上始立八角形塔座。座甚高，最下一部为须弥座，其"束腰"*须弥座中段之板称"束腰"，其上有拱形池子称壶门。有"壶门"花饰，转角有浮雕像。此上又有镂刻着壶门浮雕之束腰一道，最上一部为勾栏斗栱俱全之"平座"*即露廊balcony。一围，栏上承三层仰翻莲瓣(见图二)。

微细的第一层塔身立于仰莲之上，其高度几等于整个塔座，四面有门及浮雕像，其他四面又各有直棂窗及浮雕像。此段塔身与其上十三层密檐是划然成塔座以上的两个不同部分。十三层密檐中，最下一层是属于这第一层塔身的，出檐稍远，檐下斗栱亦与上层稍稍不同。

上部十二层，每层仅有出檐及斗栱，各层重叠不露塔身。宽度则每层向上递减，递减率且向上增加，使塔外廓作缓和之"卷杀"*直立柱向上缩小其径，使轮廓成微曲线谓之"卷杀"，entasis。

塔各层出檐不远，檐下均施"双抄斗栱"*向外伸出两栱，清称"重翘"，宋称"双抄"。塔的转角为立柱，故其主要的"柱头铺作"*在柱上之斗栱称"柱头铺作"。，亦即为其"转角铺作"*在角上之斗栱称"转角铺作"。 在上十二层两转角间均用"补间铺作"*不在柱上之斗栱称"补间铺作"。两朵。 惟有第一层只用补间铺作一朵。 第一层斗栱与上各层做法不同之处在转角及补间均加用"斜栱"*与建筑物正面及华栱均作四十五度之栱，谓之斜栱。一道。

塔顶无刹，用两层八角仰莲上托小须弥座，座承宝珠。塔纯为砖造，内心并无梯级可登。

历来关于天宁寺的文献，《日下旧闻考》中，殆已搜集无遗，共计集有《神州塔传》《续高僧传》《广宏明集》《帝京景物略》《长安客话》《析津日记》《陬志》《艮斋笔记》《明典汇》《冷然志》，及其他关于这塔的记载，以及乾隆重修天宁寺碑文及各处许多的题诗（惟康熙天宁寺《礼塔碑记》并未在内）。 所收材料虽多，但关于现存砖塔建造的年代，则除却年代最后一个乾隆碑之外，综前代的文献中，无一句有确实性的明义记载。

不过，《顺天府志》将《日下旧闻考》所集的各种记述，竟然自由草率的综合起来，以确定的语气说"寺为元魏所造，隋为宏业，唐为天王，金为大万安，寺当元末兵火荡尽，明初重修，宣德改曰天宁，正统更名广善戒坛，后复今名，……寺内隋塔高二十七丈五尺五寸……"等。

按《日下旧闻考》中诸文多重复抄袭及迷信传述，有朝代年月，及实物之记载的，有下列重要的几段。

（一）《神州塔传》："隋仁寿间幽州宏业寺建塔藏舍利。"此书在文献中年代大概最早，但传中并未有丝毫关于塔身形状材料位置之记述，故此段建塔的记载，与现存砖塔的关系完全是疑问的。仁寿间宏业寺建塔，藏舍利，并不见得就是今天立着的天宁寺塔，这是很明显的。

（二）《续高僧传》："仁寿下敕召送舍利于幽州宏业寺，即元魏孝文之所造，旧号光林……自开皇末，舍利到前，山恒倾摇……及安塔竟，山动自息。……"

《续高僧传》，唐时书，亦为集中早代文献之一。按此在隋开皇中"安塔"，但其关系与今塔如何则仍然是疑问的。

（三）《广宏明集》："仁寿二年分布舍利五十一州，建立灵塔。幽州表云，三月二十六日，于宏业寺安置舍利，……"

这段与上两项一样的与今塔之关系无甚把握。

（四）《帝京景物略》："隋文帝遇阿罗汉授舍利一囊……乃以七宝函致雍岐等十三州建一塔，天宁寺其一也，塔高十三寻，四周缀铎万计，……塔前一幢，书体遒美，开皇中立。"

这是一部明末的书，距隋已隔许多朝代，在这里我们第一次见到隋文帝建塔藏舍利的历史与天宁寺塔串成一起的记载。据文中所述高十三寻缀铎的塔，已似今存之塔，但这高十三寻缀铎的塔，是否即隋文帝所建，则仍无根据。

此书行世为明末，明代以前有元，元前金，金前辽，辽前五代及唐，除唐以外，辽金元对此塔既无记载，隋文帝之塔，本可几经建造而不为此明末作者所识。且六朝及早唐之塔多木构，如《洛阳伽蓝记》所述之"胡太后塔"及日本现存之京都法隆寺塔 *日本京都法隆寺五重塔，乃"飞鸟"时代物，适当隋代，其建造者乃由高丽东渡的匠师，其结构与《洛阳伽蓝记》中所述木塔及云冈石刻中的塔多符合。我们所见的邓州大兴国寺，仁寿二年的舍利宝塔下铭，铭石为圆形的，大约即是埋在木塔之"塔心柱"下那块圆础底下的，使我们疑心仁寿分布诸州之舍利塔均为隋时最普遍之木塔。至于开皇石幢，据《析津日记》（亦明代书）所载，则早已失所在。

（五）《析津日记》："寺在元魏为光林，在隋为宏业，在唐为天王，在金为大万安，宣德修之曰天宁，正统中修之曰万寿，戒坛，名凡数易。访其碑记，开皇石幢已失所在，即金元旧碣亦无片石矣。盖此寺本名宏业，而王元美谓幽州无宏业，刘同人谓天宁之先不为宏业，皆考之不审也。"

《析津日记》与《帝京景物略》同为明书，但其所载"天宁之先不为宏业"，及"考之不审也"，这种疑问态度与《帝京景物略》之武断恰恰相反，且作者"访其碑记"要寻"金元旧碣"，对于考据之慎重亦与《景物略》不同。

（六）《隩志》，不知明代何时书，似乎较以上两书稍早。文中："天王寺之更名天宁也，宣德十年事也；今塔下有碑勒更名勅，碑阴则正统十年刊行藏经敕也。碑后有尊胜陀罗尼石幢，辽重熙十七年五月立。"

此段记载，性质确实之外，还有个可注意之点，即辽重熙年号及刻有此年号之实物，在此轻轻提到，至少可以证明两桩事：一、辽代对于此塔亦有过建设或增益，二、此段历史完全不见记载，乃至于完全失传。

（七）《长安客话》："寺当元末兵火荡尽，文皇在潜邸命所司重修。姚广孝曾居焉。宣德间敕更今名。"这段所记"寺当元末兵火荡尽"，因下文重修及"姚广孝曾居焉"等语气，灾祸似乎仅限于寺院，不及于塔。如果塔亦荡尽，文皇（成祖）重修时岂不还要重建塔？且《长安客话》距元末，至少已两百年，兵火之后的光景，那作者并不甚了了，他的注重处在夸扬文皇在潜邸重修的事耳。但事实如何，单借文献，实在无法下断语。

（八）《冷然志》，书的时代既晚，长篇的描写对于塔的神话式来源又已取坚信态度，更不足凭信。不过这里认塔前传有开皇幢，为辽重熙幢之误，可注意。

关于天宁寺的文献，完全限于此种疑问式的短段记载。至于康熙乾隆长篇的碑文，虽然说得天花乱坠，对于天宁寺过去的历史似乎非常明白，毫无疑问之处，但其所根据，也只是限于我们今日所知道的一把疑云般的不完全的文献材料，其确实性根本不能成立。且综以上文献看来，唐以后关于塔只有明末清初的记载，中间要紧的各朝代经过，除金大定易名大万安禅寺外，并无一点记述，今塔的真实历史在文献上实无可考。

文献资料既如上述的不完全，不可靠，我们惟有在形式上鉴定其年代。这种鉴别法，完全赖观察及比较工作所得的经验，如同鉴定字画金石陶瓷的年代及真伪一样，虽有许多为绝对的，且可以用文字笔墨形容之点，也有一些是较难，乃至不能言传的，只好等观者由经验去意会。

其可以言传之点，我们可以分作两大类去观察：（一）整个建筑物之形式也可以说是图案之概念；（二）建筑各部之手法或作风。

关于图案概念一点，我们可以分作平面（Plan）及立面（Elevation）讨论。唐以前的塔，我们所知道的，平面差不多全作正方形。实物如西安大雁塔（见图三），小雁塔，玄奘塔（见图四），香积寺塔，嵩山永泰寺塔及房山云居寺（见图七）四个小石塔……河南山东无数的唐代或以前高僧墓塔，如山东神通寺四门塔，灵岩寺法定塔，嵩山少林寺法玩塔……等等等等。刻绘如云冈龙门石刻，敦煌壁画等等，平面都是作正方形的。我们所知的惟一的例外，在唐以前的，惟有嵩山嵩岳寺塔平面作十二角形，这十二角形平面，不惟在唐以前是例外，就是在唐以后，也没有第二个，所以它是个例外之最特殊者，是中国建筑史中之独例（见图五）。除此以外，则直到中唐或晚唐，方有非正方形平面的八角形塔出现，这个罕贵的遗物即嵩山会善寺净藏禅师塔（见插图六）。按禅师于天宝五年圆寂，这塔的兴建，绝不会在这年以前，这塔短稳古拙亦是孤例，而比这塔还古的八角形平面塔，除去天宁寺——假设它是隋建的话——别处还未得见过。在我们今日，觉得塔的平面或作方形，或作多角形，没甚奇特。但是一个时代的作者，大多数跳不出他本时代盛行的作风或规律以外的——建筑物尤甚——所以生在塔平面作方形的时代，能做出一个平面不作方形的塔来，是极罕有的事。

至于立面（Elevation）方面，我们请先看塔全个的轮廓及这轮廓之所以型成。天宁寺的塔，是在一个基坛之上立须弥座，须弥座上立极高的第一层，第一层以上有多层密而扁的檐的。这种第一层高，以上多层扁矮的塔，最古的例当然是那十二角形嵩山嵩岳寺塔，但除它而外，是须到唐开元以后才见有那类似的做法，如房山云居寺四小石塔。在初唐期间，砖塔的做法，多如大雁塔一类各层均等递减的(见图三)。但是我们须注意，唐以前的这类上段多层密檐塔，不惟是平面全作方形而且第一层之下无须弥座等等雕饰，且上层各檐是用砖层层叠出，不施斗栱，其所呈的外表，完全是两样的。

由平面及轮廓看来，已略可证明天宁寺塔，为隋代所建之绝不可能，因为唐以前的建筑师就根本没有这种塔的观念。

至于建筑各部的手法作风，更可以辅助着图案概念方面不足的证据，而且往往更可靠，更易于鉴别。建筑各部构材，在中国建筑中占位置最重要的，莫过于斗栱。斗栱演变的沿革，差不多就可以说是中国建筑结构法演变史。在看多了的人，差不多只须一看斗栱，对一座建筑物的年代，便有七八分把握。砖塔石塔之用斗栱，据我们所知道的，是由简而繁。最古的例如北周神通寺四门塔及东魏嵩岳寺十二角十五层塔，都没有斗栱。次古的如西安大雁塔及香积寺砖塔，皆属初唐物，只用斗而无栱。与之约略同时或略后者如西安兴教寺玄奘塔(见图四)则用简单的一斗三升交蚂蚱头在柱头上。直至会善寺净藏塔(见图六)，我们始得见简单人字栱的补间铺作。神通寺龙虎塔建于唐末，只用双抄偷心华栱＊华栱与建筑物正面成直角，其上无横栱者，谓之偷心。真正用砖石来完全模仿成朵复杂的斗栱的，至五代宋初始见，其中如我们所见许多的"天宁式"塔。其中年代正确的有辽天庆七年的房山云居寺南塔，金大定二十五年的正定临济寺青塔(见图七、图八)。还有蓟县白塔，正定清塔等等，在那时候还有许多砖塔的斗栱是木质的，如杭州雷峰塔保俶塔六和塔等等。

天宁寺的斗栱，最下层平坐，用华栱两跳偷心，补间铺作多至三朵。主要的第一层，斗栱出两跳华栱，角柱上的转角铺作，在大斗之旁，用附角斗，补间铺作一朵，用四十五度斜栱。这两个特点，都与大同善化寺金代的三圣殿相同。第二层以上，则每面用补间铺作两朵；补间铺作之繁重，亦与转角铺作相埒，都是出华栱两跳，第二跳偷心的。就我们所知，唐以前的建筑，不惟没有用补间铺作两朵的，而且虽用一朵，亦只极简单，纯处于辅材的地位的直斗或人字栱等而已。就斗栱看来，这塔是绝对不能早过辽宋时代的。

承托斗栱的柱额，亦极清楚的表示它的年代。我们只须一看年代确定的唐塔或六朝塔，凡是用倚柱（engaged column）的，如嵩岳寺塔，玄奘塔，净藏塔，都用八角形（或六角？）柱，虽然有一两个用扁柱（pilaster）的，如大雁塔，却是显然不模仿圆或角柱形。圆形倚柱之用在砖塔，唐以前虽然不能定其必没有，而唐以后始盛行。天宁寺塔的柱，是圆的。这圆柱之上，有额枋，额枋在角柱上出头处，斫齐如辽建中所常见，蓟县独乐寺，大同下华岩寺都有如此的做法。额枋上的普拍枋，更令人疑它年代之不能很古，因为唐以前的建筑，十之八九不用普拍枋，上文所举之许多例，率皆如此。但自宋辽以后，普拍枋已占了重要位置。这额枋与普拍枋，虽非绝对证据，但亦表示结构是辽金以后而又早于元时的极高可能性。

在天宁寺塔的四正面有圆栱门，四隅面有直棂窗。这诚然都是古制，尤其直棂窗，那是宋以后所少用。但是圆门券上，不用火焰形券饰，与大多数唐代及以前佛教遗物异其趣旨。虽然，其上浮雕璎珞宝盖略作火焰形，疑原物或照古制，为重修时所改。至于门扇上的菱花格棂，则尤非宋以前所曾见，唐五代砖石各塔的门及敦煌画壁中我们所见的都是钉门钉的板门。

栏杆的做法，又予我们以一个更狭的年代范围。现在常见的明清栏杆,都是每两栏版之间立一望柱。宋元以前,只在每面转角处立望柱而"寻杖"特长。天宁寺塔便是如此,这可以证明它是明代以前的形制。这种的栏杆,均用斗子蜀柱。*每段栏杆之两端小柱,高出栏杆者称望柱,栏杆最上一条横木称寻杖。在寻杖以下,分隔各栏板之小柱称蜀柱,隔于栏板及寻杖之间之斗称斗子,明清以后无此制。分隔各栏版,不用明清式的荷叶墩。我们所知道的辽金塔,斗子蜀柱都做得非常清楚,但这塔已将原形失去,斗子与柱之间,只马马虎虎的用两道线条表示,想是后世重修时所改。至于栏版上的几何形花纹,已不用六朝隋唐所必用的特种卍字纹,而代以较复杂者。与蓟县独乐寺观音阁内栏版及大同华岩寺壁藏上栏版相同。凡此种种,莫不倾向着辽金原形而又经明清重修的表示。

平坐斗栱之下,更有间柱及壶门。间柱的位置,与斗栱不相对,其上力神像当在下文讨论。壶门的形式及其起线,软弱柔圆,不必说没有丝毫六朝刚强的劲儿,就是与我们所习见的宋代扁桃式壶门也还比不上其健稳。我们的推论,也以为是明清重修的结果。

至于承托这整个塔的须弥座,则上枋之下用枭混(Cyma recta)*建筑物上隆起的边作交背之双弧线者3称枭混。而我们所见过的须弥座,自云冈龙门以至辽宋遗物,无一不是层层方角叠出,间或用四十五度斜角线者。枭混之用,最早也过不了五代末期。若说到隋,那更是绝不可能的事。

关于雕刻,在第一主层上,夹门立天王,夹窗立菩萨,窗上有飞天,不必"从事美术十余年",只要将中国历代雕刻遗物略看一遍,便可定其大略的年代。由北魏到隋唐的佛像飞天,到宋辽塑像画壁,到元明清塑刻,刀法笔意及布局姿势,莫不清清楚楚的可以顺着源流鉴别的。若必欲与隋唐的比较，则山东青州云门山，山西天龙山，河南龙门，都有不少的石刻。这些相距千里的约略同时的遗作，都有几个或许多个共同之点，而绝非天宁寺塔像所有。隋代石刻，虽在中国佛教美术中算是较早期的作品，但已将南北朝时所含的健陀罗风味摆脱得一干二净而自成一种淳朴古拙的气息。若在天宁寺塔上看出健陀罗作风来岂不是"白昼见鬼"么？

至于平坐以下的力神，狮子，和垫栱板上的卷草西番莲一类的花纹，我想勉强说它是辽金的作品，还不甚够资格，恐怕仍是经过明清照原样修补的，那里来的唐人作风？虽然各像衣褶，仍较清全盛时单纯静美，无后代繁缛云朵及俗气逼人的飘带。但窗楣上部之飞仙已类似以后来常见之童子，与隋唐那些脱尽人间烟火气的飞天，岂能混做一谈。

综上所述，我们可以断定天宁寺塔绝对不是隋宏业寺的原塔。而在年代确定的砖塔中，有房山云居寺辽代南塔（见图七）与之最相似，此外确为辽金而年代未经记明的塔如云居寺北塔，通州塔（见图九）及辽宁境内许多的砖塔，式样手法都与之相仿佛。正定临济寺金大定二十五年的青塔也与之相似，但较之稍清秀。

与之采同式而年代较后者有安阳天宁寺八角五层砖塔，虽无正确的文献纪其年代，但是各部作风纯是元代法式。

北平八里庄慈寿寺塔（见图十），建于明万历四年，据说是照天宁寺塔建筑的，但是细查其各部，则斗栱，檐椽，额枋，普拍枋（清称平板枋），券门，券窗，格楞如意头，莲瓣栏杆（望柱极密），平坐枭混，圭脚——由顶至踵，无一不是明清官式则例。所以天宁寺塔之年代，在这许多类似砖塔中比较起来，我们暂时假定它与云居寺南塔时代约略相同，是辽末（十二世纪初期）的作品，较之细瘦之通州塔及正定临济寺青塔早，但其细部或有极晚之重修。在未得到文献方面更确实证据之前，我们的鉴定只能如此了。

我们希望"从事美术"的同志们对于史料之选择及鉴别，须十分慎重，对于实物制度作风之认识尤绝不可少，单凭一座乾隆碑追述往事，便认为确实史料，则未免太不认真，以前的皇帝考古家尽可以自由浪漫的记述，在民国二十年以后一个老百姓美术家说句话都得负得起责任的，除非我们根本放弃做现代国家的国民的权利。

最后我们要向天宁寺塔赔罪，因为辩证它的建造年代，我们竟不及提到塔之现状，其美丽处，如其隆重的权衡，淳和的色斑，及其他细部上许多意外的美点，不过无论如何天宁寺塔也绝不会因其建造时代之被证实，而减损其本身任何的价值的。喜欢写生者只要不以隋代古建，唐人作风目之，此塔则仍是可写生的极好题材。

图一 北平广安门外天宁寺塔

图二 天宁寺塔详部

图三 陕西西安慈恩寺大雁塔

图四 陕西西安玄奘塔详部

图五 河南登封嵩山嵩岳寺十六角塔

图六 河南嵩山会善寺净藏禅师塔

图七 北平房山县云居寺南塔

图八 河北正定临济寺青塔

图九 通州砖塔详部

图十 北平八里庄慈寿寺塔

> 初刊于一九三五年《中国营造学社汇刊》第五卷第四期,署名梁思成、林徽因。此文系将《由天宁寺谈判到建筑年代之鉴别问题》一文略加删改而成。本集仅节选其开头所增部分。

平郊建筑杂录(续·节选)

本文曾在二十四年二月二十三日《大公报·艺术周刊》发表,兹得编者同意,略加删改,转载本刊。

一年来,我们在内地各处跑了些路,反倒和北平生疏了许多,近郊虽近,在我们心里却像远了一些,北平广安门外天宁寺塔的研究的初稿竟然原封未动,许多地方竟未再去图影实测,一年半前所关怀的平郊胜迹,那许多美丽的塔影,城角,小楼,残碣于是全都淡淡的,委曲的在角落里初稿中尽睡着下去。

我们想国内爱好美术古迹的人日渐增加,爱慕北平名胜者更是不知凡几,或许对于如何鉴别一个建筑物的年代也常有人感到兴趣,我们这篇讨论天宁寺塔的文字或可供研究者的参考。

关于天宁寺塔建造的年代,据一般人的传说及康熙乾隆的碑记,多不负责的指为隋建,但依塔的式样来做实物的比较,将全塔上下各部逐件指点出来,与各时代其他砖塔对比,再由多面引证反证所有关于这塔的文献,谁也可以明白这塔之绝对不能是隋代原物。

国内隋唐遗建,纯木者尚未得见,砖石者亦大罕贵,但因其为佛教全盛时代,常留大规模的图画雕刻教迹于各处,如敦煌云冈龙门等等，其艺术作风，建筑规模，或花纹手法，则又为研究美术者所熟审。宋辽以后遗物虽有不载朝代年月的，可考者终是较多，且同时代，同式样，同一作风的遗物亦较繁夥，互相印证比较容易。故前人泥于可疑的文献，相传某物为某代原物的，今日均不难以实物比较方法，用科学考据态度，重新探讨，辩证其确实时代。这本为今日治史及考古者最重要亦最有趣的工作。

我们的《平郊建筑杂录》，本预定不录无自己图影或测绘的古迹，且均附游记，但是这次不得不例外。原因是《艺术周刊》已预告我们的文章一篇，一时因图片关系交不了卷，近日这天宁寺又尽在我们心里欠伸活动，再也不肯在稿件中间继续睡眠状态，所以决意不待细测全塔，先将对天宁寺简略的考证及鉴定，提早写出，聊作我们对于鉴别建筑年代方法程序的意见，以供同好者的参考。希望各处专家读者给以指正。

初刊于一九三五年《中国营造学社汇刊》第五卷第三期,署名林徽因、梁思成,后于一九三五年由中国营造学社印行单行本。

晋汾古建筑预查纪略

去夏乘暑假之便,作晋汾之游。汾阳城外峪道河,为山右绝好消夏的去处;地据白彪山麓,因神头有"马跑神泉",自从宋太宗的骏骑蹄下踢出甘泉,救了干渴的三军,这泉水便没有停流过,千年来为沿溪数十家磨坊供给原动力,直至电气磨机在平遥创立了山西面粉业的中心,这源源清流始闲散的单剩曲折的画意。辘辘轮声既然消寂下来,而空静的磨坊,便也成了许多洋人避暑的别墅。

说起来中国人避暑的地方,那一处不是洋人开的天地,北戴河,牯岭,莫干山……所以峪道河也不是例外。其实去年在峪道河避暑的,除去一位娶英籍太太的教授和我们外,全体都是山西内地传教的洋人,还不能说是中国人避暑的地方呢。在那短短的十几天,令人大有"人何寥落"之感。

以汾阳峪道河为根据,我们曾向邻近诸县作了多次的旅行,计停留过八县地方,为太原,文水,汾阳,孝义,介休,灵石,霍县,赵城,其中介休至赵城间三百余里,因同蒲铁路正在炸山兴筑,公路多段被毁,故大半竟至徒步,滋味尤为浓厚。餐风宿雨,两周间艰苦简陋的生活,与寻常都市相较,至少有两世纪的分别。我们所参诣的古构,不下三四十处,元明遗物,随地遇见,现在仅择要纪述。

汾阳县　峪道河　龙天庙

在我们住处，峪道河的两壁山岩上，有几处小小庙宇。东岩上的实际寺，以风景幽胜著名。神头的龙王庙，因马跑泉享受了千年的烟火，正殿前有拓黑了的宋碑，为这年代的保证，这碑也就是这庙里惟一的"古物"。西岩上南头有一座关帝庙，几经修建，式样混杂，别有趣味。北头一座龙天庙，虽然在年代或结构上并无可以惊人之处，但秀整不俗，我们却可以当他作山西南部小庙宇的代表作品。

龙天庙在西岩上，庙南向，其东边立面，厢庑后背，钟楼及围墙，成一长线剪影，隔溪居高临下，隐约白杨间。在斜阳掩映之中，最能引起沿溪行人的兴趣。山西庙宇的远景，无论大小都有两个特征：一是立体的组织，权衡俊美，各部参差高下，大小相依附，从任何观点望去均恰到好处；一是在山西，砖筑或石砌物，斑彩淳和，多带红黄色，在日光里与山冈原野同醉，浓艳夺人，尤其是在夕阳西下时，砖石如染，远近殷红映照，绮丽特甚。在这两点上，龙天庙亦非例外。谷中外人三十年来不识其名，但据这种印象，称这庙做"落日庙"并非无因的。

庙周围土坡上下有盘旋小路，坡孤立如岛，远距村落人家。庙前本有一片松柏，现时只剩一老松，孤傲耸立，缄默如同守卫将士。庙门镇日闭锁，少有开时，苟遇一老人耕作门外，则可暂借锁钥，随意出入；本来这一带地方多是道不拾遗，夜不闭户的，所谓锁钥亦只余一条铁钉及一种形式上的保管手续而已。这现象竟亦可代表山西内地其他许多大小庙宇的保管情形。

庙中空无一人，蔓草晚照，伴着殿庑石级，静穆神秘，如在画中。两厢为"窑"，上平顶，有砖级可登，天晴日美时，周围风景全可入览。此带山势和缓，平趋连接汾河东西区域；远望绵山峰峦，竟似天外烟霞；但傍晚时，默立高处，实不竟古原夕阳之感。近山各处全是赤土山级，层层平削，像是出自人工；农民多辟洞"穴居"，耕种其上。麦黍赤土，红绿相间成横层，每级土崖上所辟各穴，远望似平列桥洞，景物自成一种特殊风趣。沿溪白杨丛中，点缀土筑平屋小院及磨坊，更错落可爱。

龙天庙的平面布置（见插图一）南北中线甚长，南面围墙上辟山门。门内无照壁，却为戏楼背面。山西中部南部我们所见的庙宇多附属戏楼，在平面布置上没有向外伸出的舞台。楼下部实心基坛，上部三面墙壁，一面开敞，向着正殿，即为戏台。台正中有山柱一列，预备挂上帏幕可分成前后台。楼左阙门，有石级十余可上下。在龙天庙里，这座戏楼正堵截山门入口处成一大照壁。

转过戏楼，院落甚深，楼之北，左右为钟鼓楼，中间有小小牌楼，庭院在此也高起两三级划入正院。院北为正殿，左右厢房为砖砌窑屋各三间，前有廊檐，旁有砖级，可登屋顶。山西乡间穴居仍盛行，民居喜砌砖为窑（即券洞），庙宇两厢亦多砌窑以供僧侣居住。窑顶平台均可从窑外梯级上下。此点酷似墨西哥红印人之叠层土屋，有立体堆垒组织之美。钟鼓楼也以发券的窑为下层台基，上立木造方亭，台基外亦设砖级，依附基墙，可登方亭。全建筑物以砖造部分为主，与他省木架钟鼓楼异其风趣。

正殿前廊外尚有一座开敞的过厅，紧接廊前，称"献食棚"（见图版一乙）。这个结构实是一座卷棚式过廊，两山有墙而前后檐柱间开敞，没有装修及墙壁。它的功用则在名义上已很明了，不用赘释了。在别省称祭堂或前殿的，与正殿都有相当的距离，而且不是开敞的，这献食棚实是祭堂的另一种有趣的做法。

龙天庙里的主要建筑物为正殿。殿三间，前出廊，内供龙天及夫人像。按廊下清乾隆十二年碑说：

龙天者，介休令贾侯也。公讳浑，晋惠帝永兴元年，刘元海……攻陷介休，公……死而守节，不愧青天。后人……故建庙崇祀……像神立祠，盖自此始矣。……

这座小小正殿，"前廊后无廊"，本为山西常见的做法，前廊檐下用硕大的斗栱，后檐却用极小，乃至不用斗栱，将前后不均齐的配置完全表现在外面，是河北省所不经见的，尤其是在旁面看其所呈现象，颇为奇特。

至于这殿，按乾隆十二年《重增修龙天庙碑记》说：

按正殿上梁所志系元季丁亥（元顺帝至正七年，公元一三四七）重建。

正殿三小间，献食棚一间，东西厦窑二眼，殿旁两小房二间，乐楼三间。……鸠工改修，计正殿三大间，献食棚三间，东西窑六眼，殿旁东西房六间，大门洞一座……零余银备异日牌楼钟鼓楼之费。……

所以我们知道龙天庙的建筑，虽然曾经重建于元季，但是现在所见，竟全是乾嘉增修的新构。

殿的构架，由大木上说，是悬山造，因为各檩头皆伸出到柱中线以外甚远；但是由外表上看，却似硬山造（见图版一甲），因为山墙不在山柱中线上，而向外移出，以封护檩头。这种做法亦为清代官式建筑所无。

这殿前檐的斗栱（见图版一丙），权衡甚大，斗栱之高，约及柱高之四分之一；斗栱之布置，亦极疏朗，当心间用补间铺作一朵，次间不用。当心间左右两柱头并补间铺作均用四十五度斜栱。柱身微有卷杀；阑额为月梁式；普拍枋宽过阑额。这许多特征，在河北省内惟在宋元以前建筑乃得见；但在山西，明末清初比比皆是，但细查各头的雕饰（见图版一丁），则光怪陆离，绝无古代沉静的气味；两平柱上的丁头栱（清称雀替），且刻成龙头象头等形状。

殿内梁架所用梁的断面，亦较小于清代官式的规定，且所用驼峰，替木，叉手等等结构部分，都保留下古代的做法，而在清式中所不见的。

全殿最古的部分是正殿匾牌（见图版一戊），匾文说（见右图）：

这牌的牌首，牌带，牌舌，皆极奇特，与古今定制都不同，不知是否原物，虽然牌面的年代是确无可疑的。

龙天庙

至元二年三月十二日创建 太正○○○

大木都料汾阳○从识男 ○○ 成 忠

施碑人当里四乡○○○任○○男任智孙男

不敢○○○○周桥且邑张元景 任达 任选

林徽因集　　156

汾阳县　大相村　崇胜寺

由太原至汾阳公路上，将到汾阳时，便可望见路东南百余米处，耸起一座庞大的殿宇，出檐深远，四角用砖筑立柱支着，引人注意。由大殿之东，进村之北门，沿寺东墙外南行颇远，始到寺门。寺规模宏敞，连山门一共六进。山门之内为天王门，天王门内左右为钟鼓楼，后为天王殿，天王殿之后为前殿，正殿（毗庐殿）及后殿（七佛殿）。除去第一进院之外，每院都有左右厢，在平面布置上，完全是明清以后的式样，而在构架上，则差不多各进都有不同的特征，明初至清末各种的式样都有代表"列席"。在建筑本身以外，正殿廊前放着一造像碑，为北齐天保三年物。

天王殿正中弘治元年（公元一四八八）碑说：

大相里横枕卜山之下……古来舍刹稽自大齐天保三年（公元五五二），大元延祐四年（公元一三一七）……奉敕建立后殿，增饰慈尊，额题崇胜禅寺，于是而渐成规模，……大明宣德庚戌五年（公元一四三〇），功竖中殿，廊庑翼如；周植树千本。……大明成化乙未十一年（公元一四七五），……构造天王殿，伽蓝宇祠，堂室俱备……

按现在情形看，天王殿与中殿之间，尚有前殿，天王殿前尚有钟楼鼓楼，为碑文中所未及。而所"植树千本"，则一根也不存在了。

山门三间，最平淡无奇；檐下用一斗三升斗栱，权衡甚小，但布置尚疏朗。

天王门三间，左右挟以斜照壁及掖门（见图版二甲）。斗栱权衡颇大，布置亦疏朗。每间用补间铺作二朵，角柱微生起，乍看确有古风。但是各昂头上过甚的雕饰（见图版二乙），立刻表示其较晚的年代。天王门内部梁架都用月梁。但因前后廊子均异常的浅隘，故前后檐部斗栱的布置都有特别的结构，成为一个有趣的断面；前面用两列斗栱，高下不同，上下亦不相列（见图版二丙），后檐却用垂莲柱（见图版二丁），使檐部伸出墙外。

钟鼓楼天王门之后，左右为钟鼓楼，其中钟楼结构精巧，前有抱厦，顶用十字脊，山花向前，甚为奇特（见图版二戊）。

天王殿五间（见图版三甲），即成化十一年所建，弘治元年碑，就立在殿之正中；天王像四尊，坐在东西梢间内。斗栱颇大，当心间用补间铺作两朵，次梢间用一朵，雄壮有古风。

前殿五间（见图版三乙），大概是崇胜寺最新的建筑物，斗栱用品字式，上交托角替，垫栱板前罗列着全副博古，雕工精细异常，不惟是太琐碎了，而且是违反一切好建筑上结构及雕饰两方面的常矩的（见图版三丙）。

前殿的东西**配殿**各三间，亦有几处值得注意之点。在横断面上，前后是不均齐的；如峪道河龙天庙正殿一样，"前廊后无廊"，而前廊用极大的斗栱，后廊用小斗栱，使侧面呈不均齐象。斗栱布置（见图版三丁）亦疏朗，每间用补间铺作一朵。出跳虽只一跳，在昂下及泥道栱下，却用替木式的短栱实拍承托，如大同华严寺海会殿及应县木塔顶层所见；但在此短栱栱头，又以极薄小之翼形栱相交，都是他处所未见。最奇特的乃在阑额与柱头的联接法，将阑额两端斫去一部，使额之上部托在柱头之上，下部与柱相交，是以一构材而兼阑额及普拍枋两者的功用的。阑额之下，托以较小的枋，长尽梢间，而在当心间插出柱头作角替，也许是《营造法式》卷五所谓"绰幕方"一类的东西。

正殿（毗庐殿）(见图版四甲)大概是崇胜寺内最古的结构，明弘治元年碑所载建于宣德庚戌五年（公元一四三〇）的中殿即指此。殿是硬山造，"前廊后无廊"，前檐用硕大的斗栱，前后亦不均齐。斗栱布置(见图版四乙)，每间只用补间铺作一朵。前后各出两跳，单抄单下昂，重栱造，昂尾斜上，以承上一缝枋(见图版四丙)。当心间补间铺作用四十五度斜栱。阑额甚小，上有很宽的普拍枋，一切尚如古制。当心间两柱，八角形，这种柱常见于六朝隋唐的砖塔及石刻，但用木的，这是我们所得见惟一的例。檐出颇远，但只用椽而无飞椽，在这种大的建筑物上还是初见。

前廊西端立北齐天保三年任敬志等造像碑(见图版四丁)，碑阳造像两层，各刻一佛二菩萨，额亦刻佛一尊。上层龛左右刻天王，略像龙门两大天王。座下刻狮子二；碑头刻蟠龙，都是极品，底下刻字则更劲古可爱。可惜佛面已毁，碑阴字迹亦见剥落了。清初顾亭林到汾访此碑，见先生《金石文字记》。

最后为**七佛殿**七间，是寺内最大的建筑物，在公路上可以望见(见图版五甲)。按明万历二十年《增修崇胜寺记》碑，乃"以万历十二年动工，至二十年落成"。无疑的这座晚明结构已替换了"大元元祐四年"的原建，在全部权衡上，这座明建尚保存着许多古代的美德；例如斗栱疏朗，出檐深远，尚表现一些雄壮气概。但各部本身，则尽雕饰之能事。外檐斗栱(见图版五乙)，上昂嘴特多，弯曲已甚；耍头上雕饰细巧；替木两端的花纹盘缠；阑额下更有龙形的角替；且金柱内额上斗栱坐斗之剔空花（见图版五丙），竟将荷载之集中点（主要的建筑部分），作成脆弱的纤巧的花样；匠人弄巧，害及好建筑，以至如此，实令人怅然。虽然在雕工上看来，这些都是精妙绝伦的技艺，可惜太不得其道，以建筑物作卖技之场，结果因小失大，这巍峨大殿，在美术上竟要永远蒙耻低头。

七佛殿格扇上花心，精巧异常，为一种菱花与球纹混合的花样，在装饰图案上，实是登峰造极的（见图版五丁），殿顶的脊饰，是山西所常见的普通做法（见图版五戊）。

汾阳县　杏花村　国宁寺

杏花村是做汾酒的古村，离汾阳甚近。国宁寺大殿由公路上可以望见。殿重檐，上檐檐椽毁损一部，露出橑檐枋及阑额，远望似唐代刻画中所见双层额枋的建筑，故引起我们绝大的兴趣及希望，及到近前才知道是一片极大的寺址中仅剩的，一座极不规矩的正殿；前檐倾圮，檐檩暴落，竟给人以奢侈的误会。廊下乾隆二十八年碑说："敕赐于唐贞观，重建于宋，历修于明代。"现存建筑大约是明时重建的。

在山西明代建筑甚多，形形色色，式样各异，斗栱布置或仍古制，或变换纤巧，陆离光怪，几不若以建筑规制论之。大殿的平面布置几成方形（见插图二），重檐金柱的分间，与外檐柱及内柱不相排列。而在结构方面，此殿做法很奇特，内部梁架，两山将采步金梁经过复杂勾结的斗栱，放在顺梁上，而采步金上，又承托两山顺扒梁（或大昂尾），法式新异，未见于他处（见图版六乙）。

至于下檐前面的斗栱（见图版六甲），不安在柱头上，致使柱上空虚，做法错谬，大大违反结构原则，在老建筑上是甚少有的。

文水县　开栅镇　圣母庙

开栅镇并不在公路上，由大路东转沿着山势，微微向下曲折，因为有溪流，有大树，庙宇村巷全都隐藏，不易即见。庙门规模甚大，丹青剥落。院内古树合抱，浓荫四布，气味严肃之极。建筑物除北首正殿，南首乐楼，巍峨对峙外，尚有东西两堂，皆南向与正殿并列，雅有古风；廊庑，碑碣，钟楼，偏院，给人以浪漫印象较他庙为深，尤其是因正殿屋顶歇山向前，玲珑古制，如展看画里楼阁。屋顶歇山，山面向前，是宋代极普通的式制，在日本至今还用得很普遍，然在中国，由明以后，除去城角楼外，这种做法已不多见。正定隆兴寺摩尼殿，是这种做法的，且由其他结构部分看去，我们知道它是宋初物。据我们所见过其他建筑歇山向前的，共有元代庙宇两处，均在正定。此外即在文水开栅镇圣母庙正殿又得见之（见图版六丙）。

殿平面作凸字形（见插图三），后部为正方形殿三间，屋顶悬山造；前有抱厦，进深与后部同，面阔则较之稍狭，屋顶歇山造，山面向前。

后部斗栱，单昂出一跳，抱厦则重昂出两跳，布置极疏朗，补间仅一朵。昂并没有挑起的后尾，但斗栱在结构上还是有绝对的机能。耍头之上，撑头木伸出，刻略如麻叶云头，这可说是后来清式挑尖梁头之开始。前面歇山部分的构架（见图版六戊），抟枋全承在斗栱之上，结构精密，堪称上品。正定阳和楼前关帝庙的构架和斗栱，与此多有相同的特征。但此处内部木料非常粗糙，呈简陋印象。

抱厦正面骤见虽似三间，但实只一间，有角柱而无平柱，而代之以槏柱（或称抱框），额枋是长同通面阔的。额枋的用法正面与侧面略异，亦是应注意之点，侧面额枋之上用普拍枋，而正面则不用；正面额枋之高度，与侧面额枋及普拍枋之总高度相同，这也是少见的做法。

至于这殿的年代，在正面梢间壁上有元至元二十年（公元一二八三）嵌石，刻文说：

夫庙者元近西溪，未知何代，……后于此方要修其庙，……梁书万岁大汉之时，天会十年季春之月……今者石匠张莹，嗟岁月之弥深，睹栋梁之抽换，……恐后无闻，发愿刻碑。……

刻石如是。由形制上看来，殿宇必建于明以前，且因与正定关帝庙相同之点甚多，当可断定其为元代物。

圣母庙在平面布置上有一特殊值得注意之点。在正殿之东西，各有殿三间，南向，与正殿并列，尚存魏晋六朝东西堂之制。关于此点，刘敦桢先生在本刊五卷二期已申论得很清楚，不必在此赘述了。

文水县　文庙

文水县，县城周整，文庙建筑亦宏大出人意外。院正中泮池，两边廊庑，碑石栏杆，围衬大成门及后殿，壮丽较之都邑文庙有过无不及；但建筑本身分析起来，颇多弱点，仅为山西中部清以后虚有其表的代表作之一种。庙里最古的碑记，有宋元符三年的县学进士碑，元明历代重修碑也不少。就形制看来，现存殿宇大概都是清以后所重建。

正殿（见图版七甲），开间狭而柱高，外观似欠舒适。柱头上用阑额和由额，二者之间用由额垫板，间以"荷叶墩"，阑额之上又用肥厚的普拍枋（见图版七乙），这四层构材，本来阑额为主，其他为辅，但此处则全一样大小，使宾主不分，极不合结构原则。斗栱不甚大，每间只用补间铺作一朵。坐斗下面，托以"皿板"，刻作古玩座形，当亦是当地匠人，纤细弄巧做法之一种表现。斗栱外出两跳华栱，无昂，但后尾却有挑杆，大概是由耍头及撑头木引上。两山柱头铺作承托顺扒梁外端，内端坦然放在大梁上却倒率直（见图版七丙）。

戟门三间，大略与大成殿同时。斗栱前出两跳，单抄单下昂，正心用重栱，第一跳单栱上施替木承罗汉枋，第二跳不用栱，跳头直接承托替木，以承挑檐枋及檐桁，也是少见的做法。转角铺作不用由昂，也不用角神或宝瓶，只用多跳的实拍栱（或鞾楔），层层伸出，以承角梁，这做法不止新颖，且较其他常见的尚为合理（见图版七丁）。

汾阳县　小相村　灵岩寺

小相村与大相村一样在汾阳文水之间的公路旁，但大相村在路东，而小相村却在路西，且离汾阳亦较远。灵岩寺在山坡上，远在村后，一塔秀挺，楼阁巍然，殿瓦琉璃，辉映闪烁夕阳中，望去易知为明清物，但景物婉丽可人，不容过路人弃置不睬。

离开公路，沿土路行可四五里达村前门楼。楼跨土城上，底下圆券洞门，一如其他山西所见村落。村内一路贯全村前后，雨后泥泞崎岖，难同入蜀，愈行愈疲，愈觉灵岩寺之远，始悟汾阳一带，平原楼阁远望转近，不易用印象来计算距离的。及到寺前，残破中虽仅存山门券洞，但寺址之大，一望而知。

进门只见瓦砾土丘，满目荒凉，中间天王殿遗址，隆起如冢，气象堂皇。道中所见砖塔及重楼，尚落后甚远，更进又一土丘，当为原来前殿——中间露天趺坐两铁佛，中挟一无像大莲座；斜阳一瞥，奇趣动人，行人倦旅，至此几顿生妙悟，进入新境。再后当为正殿址（见图版八甲），背景里楼塔愈迫近，更有铁佛三尊，趺坐慈静如前，东首一尊且低头前俯，现悯恻垂注之情（见图版八乙）。此时远山晚晴，天空如宇，两址反不殿而殿，严肃丽都，不借梁栋丹青，朝拜者亦更沉默虔敬，不由自主了。

铁像有明正德年号，铸工极精，前殿正中一尊已倾欹坐地下，半埋入土，塑工清秀，在明代佛像中可称上品（见图版八丙）。

灵岩寺各殿本皆发券窑洞建筑，砖砌券洞繁复相接，如古罗马遗建，由断墙土丘上边下望，正殿偏西，残窑多眼尚存。更像隧道密室相关连，有阴森之气，微觉可怕，中间多停棺柩，外砌砖椁，印象亦略如罗马石棺，在木造建筑的中国里探访遗迹，极少有此经验的。券洞中一处，尚存券底画壁（见图版八丁），颜色鲜好，画工精美，当为明代遗物。

砖塔在正殿之后，建于明嘉靖二十八年。这塔可作晋冀两省一种晚明砖塔的代表（见图版九甲）。

砖塔之后，有砖砌小城，由旁面小门入方城内，别有天地，楼阁廊舍，尚极完整，但阒无人声，院内荒芜，野草丛生，幽静如梦；与"城"以外的堂皇残址，露坐铁佛，风味迥殊。

这院内左右配殿各窑五眼，窑筑巩固，背面向外，即为所见小城墙。殿中各余明刻木像一尊。北面有基窑七眼，上建楼殿七大间（见图版九乙），即远望巍然有琉璃瓦者。两旁更有篑楼，石级露台曲折，可从窑外登小阁，转入正楼。夕阳落漠，淡影随人转移，处处是诗情画趣，一时记忆几不及于建筑结构形状。

下楼徘徊在东西配殿廊下看读碑文，在荆棘拥护之中，得朱之俊崇祯年间碑，碑文叙述水陆楼的建造原始甚详。

朱之俊自述："夜宿寺中，俄梦散步院落，仰视左右，有楼翼然，赫辉壮观，若新成形……觉而异焉，质明举似普门师，师为余言水陆阁像，颇与梦合。余因征水陆缘起，慨然首事。……"

各处尚存碑碣多座，叙述寺已往的盛史。惟有现在破烂的情形，及其原因，在碑上是找不出来的。

正在留恋中，老村人好事进来，打断我们的沉思，开始问答，告诉我们这寺最后的一页惨史。据说是光绪二十六年替换村长时，新旧两长各竖一帜，怂恿村人械斗，将寺拆毁。数日间竟成一片瓦砾之场，触目伤心；现在全寺只余此一院楼厢，及院外一塔而已。

孝义县　吴屯村　东岳庙

由汾阳出发南行，本来可雇教会汽车到介休，由介休改乘公共汽车到霍州赵城等县。但大雨之后，道路泥泞，且同蒲路正在炸山筑路，公共汽车道多段已拆毁不能通行，沿途跋涉露宿，大部竟以徒步得达。

我们曾因道阻留于孝义城外吴屯村，夜宿村东门东岳庙正殿廊下；庙本甚小，仅余一院一殿，正殿结构奇特，屋顶的繁复做法，是我们在山西所见的庙宇中最已甚的。小殿向着东门，在田野中间镇座，好像乡间新娘，满头花钿，正要回门的神气（见图版九丙）。

庙院平铺砖块，填筑甚高，围墙矮短如栏杆，因墙外地洼，用不着高墙围护；三面风景，一面城楼，地方亦极别致。庙厢已作乡间学校，但仅在日中授课，顽童日出即到，落暮始散。夜里仅一老人看守，闻说日间亦是教员，薪金每年得二十金而已。

院略为方形，殿在院正中，平面则为正方形，前加浅隘的抱厦。两旁有斜照壁，殿身屋顶是歇山造；抱厦亦然，但山面向前，与开栅圣母庙正殿极相似，但因前为抱厦，全顶呈繁乱状，加以装饰物，愈富缛不堪设想（见图版九丙）。这殿的斗栱甚为奇特，其全朵的权衡，为普通斗栱所不常有，因为横栱——尤其是泥道栱及其慢栱——甚短，以致斗栱的轮廓耸峻，呈高瘦状。殿深一间，用补间斗栱三朵。抱厦较殿身稍狭，用补间铺作一朵，各层出四十五度斜昂。昂嘴纤弱，颤入颇深。各斗栱上的耍头，厚只及材之半，刻作霸王拳，劣匠弄巧的弊病，在在可见。

侧面阑额之下，在柱头外用角替，而不用由额，这角替外一头伸出柱外，托阑额头下，方整无饰，这种做法无意中巧合力学原则，倒是罕贵的一例。檐部用椽子一层，并无飞椽，亦奇。但建造年月不易断定。我们夜宿廊下，仰首静观檐底黑影，看凉月出没云底，星斗时现时隐，人工自然，悠然溶合入梦，滋味深长。

霍县　太清观

以上所记，除大相村崇胜寺规模宏大及圣母庙年代在明以前，结构适当外，其他建筑都不甚重要。霍州县城甚大，庙观多，且魁伟，登城楼上望眺，城外景物和城内嵯峨的殿宇对照，堪称壮观。以全城印象而论，我们所到各处，当无能出霍州右者。

霍县太清观在北门内，志称宋天圣二年，道人陶崇人建，元延祐三年道人陈泰师修。观建于土丘之上，高出两旁地面甚多，而且愈往后愈高，最后部庭院与城墙顶平，全部布局颇饶趣味。

观中现存建筑，多明清以后物。惟有前殿（见图版九丁），额曰"金阙玄元之殿"，最饶古趣。殿三间，悬山顶，立在很高的阶基上；前有月台，高如阶基。斗栱雄大，重栱重昂造，当心间用补间铺作两朵，梢间用一朵。柱头铺作（见图版九戊）上的耍头，已成桃尖梁头形式，但昂的宽度，却仍早制，未曾加大。想当是明初近乎官式的作品。这殿的檐部，也是不用飞椽的。

最后一殿，歇山重檐造，由形制上看来，恐是清中叶以后新建。

霍县　文庙

霍县文庙，建于元至元间，现在大门内还存元碑四座。由结构上看来，大概有许多座殿宇，还是元代遗构。在平面布置上，自大成门左右一直到后面，四周都有廊庑，显然是古代的制度。可惜现在全庙被划分两半，前半——大成殿以南——驻有军队，后半是一所小学校，前后并不通行，各分门户，与我们视察上许多不便。

前后各主要殿宇，在结构法上是一贯的。棂星门以内，便是大成门（见图版十甲），门三间，屋顶悬山造。柱瘦高而额细，全部权衡颇高，尤其是因为柱之瘦长，颇类唐代壁画中所常视的现象。斗栱简单（见插图四、图版十乙），单抄四铺作，令栱上施替木，以承橑檐枋。华栱之上施耍头，与令栱及慢栱相交，耍头后尾作楷头，承托在梁下；梁头也伸出到楷头之上，至为妥当合理。斗栱布置疏朗，每间只用补间铺作一朵，放在细长的阑额及其厚阔的普拍枋上。普拍枋出柱头处抹角斜割，与他处所见元代遗物刻海棠卷瓣者略同。中柱上亦用简单的斗栱，华栱上一材，前后出楷头以承大梁。左右两中柱间用柱头枋一材在慢栱上相联络；这柱头枋在左右中柱上向梢间出头作蚂蚱头，并不通排山。大成门梁架用材轻爽经济，将本身的重量减轻，是极妥善的做法。我们所见檐部只用圆椽，其上无飞檐椽的，这又是一例。

大成殿亦三间（见图版十丙），规模并不大。殿立在比例高耸的阶基上，前有月台；上用砖砌栏杆（这矮的月台上本是用不着的）。殿顶歇山造。全部权衡也是峻耸状。因柱子很高，故斗栱比例显得很小。

斗栱（见图版十丁），单下昂四铺作，出一跳，昂头施令栱以承橑檐栱及枋。昂嘴颤势圆和，但转角铺作角昂及由昂，则较为纤长。昂尾单独一根（见图版十戊），斜挑下平栱下，结构异常简洁，也许稍嫌薄弱。斗栱布置疏朗，每门只用补间铺作一朵，三角形的垫栱板在这里竟成扁长形状。

歇山部分的构架，是用两层的丁栿，将山部托住。下层丁栿与阑额平，其上托斗栱。上层丁栿外端托在外檐斗栱之上，内端在金柱上，上托山部构架。

霍县　东福昌寺

祝圣寺原名东福昌寺，明万历间始改今名。唐贞观四年，僧清宣奉敕建。元延祐四年，僧圆琳重建，后改为霍山驿。明洪武十八年，仍建为寺。现时因与西福昌寺关系，俗称上寺下寺。就现存的建筑看，大概还多是元代的遗物。

东福昌寺诸建筑中，最值得注意的，莫过于正殿。殿七楹，斗栱疏朗，尤其在昂嘴的颤势上，富于元代的意味。殿顶结构，至为奇特（见图版十一甲）。乍见是歇山顶，但是殿本身屋顶与其下围廊顶是不连续成一整片的，殿上盖悬山顶，而在周围廊上盖一面坡顶（围廊虽有转角绕殿左右，但止及殿左右朵殿前面为止）。上面悬山顶有它自己的勾滴，降一级将水泄到下面一面坡顶上。汉代遗物中，瓦顶有这种两坡做法，如高颐石阙及纽约博物馆藏汉明器，便是两个例，其中一个是四阿顶，一个是歇山顶。日本奈良法隆寺玉虫厨子，也用同式的顶。这种古式的结构，不意在此得见其遗制，是我们所极高兴的。关于这种屋顶,已在本刊五卷二期《汉代建筑式样与装饰》一文中详论,不必在此赘述。

在正殿左右为朵殿,这朵殿与正殿殿身,正殿围廊三部屋顶连接的结构法（见图版十一乙、插图五）,至为妥善,在清式建筑中已不见这种智巧灵活的做法,官式规制更守住呆板办法删除特种变化的结构,殊可惜。

正殿阶基颇高,前有月台,阶基及月台角石上,均刻蟠龙,如《营造法式》石作之制；此例雕饰曾见于应县佛宫寺塔月台角石上。可见此处建筑规制必早在辽明以前。

后殿由形制上看,大概与正殿同时,当心间补间铺作用斜栱斜昂,如大同善化寺金建三圣殿所见。

后殿前庭院正中,尚有唐代经幢一柱存在,经幢之旁,有北魏造像残石,用砖龛砌护（见图版十一丙）。石原为五像,弥勒(?)正中坐,左右各二菩萨挟侍,惜残破不堪；左面二菩萨且已缺毁不存。弥勒垂足交胫坐,与云冈初期作品同,衣纹体态,无一非北魏初期的表征,古拙可喜。

霍县　西福昌寺

西福昌寺与东福昌寺在城内大街上东西相称。按《霍州志》,贞观四年,敕尉迟恭监造。初名普济寺。太宗以破宋老生于此,贞观三年,设建寺以树福田,济营魄。乃命虞世南,李百药,褚遂良,颜师古,岑文本,许敬宗,朱子奢等为碑文。可惜现时许多碑石，一件也没有存在的了。

现在正殿五间（见图版十一丁）。左右朵殿三间，当属元明遗构。殿廊下金泰和二年碑，则称寺创自太平兴国三年。前廊檐柱尚有宋式覆盆柱础。

前殿三间，歇山造，形制较古，门上用两门簪，也是辽宋之制。殿内塑像，颇似大同善化寺诸像。惜过游时，天色已晚，细雨不辍，未得摄影。但在殿中摸索，燃火在什物尘垢之中，瞻望佛容而已。

全寺地势前低后高。庭院层层高起，亦如太清观，但跨院旧址尚广，断墙倒壁，老槐荒草中，杂以民居，破落已极。

霍县 火星圣母庙

火星圣母庙在县北门内。这庙并不古，却颇有几处值得注意之点。在大门之内，左右厢房各三间，当心间支出垂花雨罩，新颖可爱，足供新设计参考采用（见图版十二甲）。正殿及献食棚屋顶的结构，各部相互间的联络，在复杂中倒合理有趣。在平面的布置上，正殿三间，左右朵殿各一间，正殿前有廊三间，廊前为正方形献食棚，左右廊子各一间（见图版十二乙）。这多数相联络殿廊的屋顶（见插图六）；正殿及朵殿悬山造，殿廊一面坡顶，较正殿顶低一级，略如东福昌寺大殿的做法。献食棚顶用十字脊，正面及左右歇山，后面脊延长，与一面坡相交；左右廊子则用卷棚悬山顶。全部联络法至为灵巧，非北平官式建筑物屋顶所能有。

献食棚前琉璃狮子一对（见图版十二丙），塑工至精，纹路秀丽，神气生猛，堪称上品。

东廊下明清碑碣及嵌石颇多。

霍县　县政府大堂

在霍县县政府的大堂的结构上，我们得见到滑稽绝伦的建筑独例。大堂前有抱厦，面阔三间。当心间阔而梢间稍狭，四柱之上，以极小的阑额相联络，其上却托着一整根极大的普拍枋，将中国建筑传统的构材权衡完全颠倒。这还不足为奇；最荒谬的是这大普拍枋之上，承托斗栱七朵，朵与朵间都是等距离，而没有一朵是放在任何柱头之上（见图版十二丁），作者竟将斗栱在结构上之原意义，完全忘却，随便位置。斗栱位置不随立柱安排，除此一例外，惟在以善于作中国式建筑自命的慕菲氏所设计的南京金陵女子大学得又见之。

斗栱单昂四铺作，令栱与耍头相交，梁头放在耍头之上。补间铺作则将撑头木伸出于耍头之上，刻作麻叶云。令栱两散斗特大，两旁有卷耳，略如爱奥尼克（Ionic）柱头形。中部几朵斗栱，大斗之下，用版块垫起，但其作用与皿版并不相同。阑额两端刻卷草纹，花样颇美。柱础宝装莲瓣覆盆，只分八瓣，雕工精到（见图版十二戊）。

据壁上嵌石；元大德九年（公元一三〇五），某宗室"自明远郡（现地名待考）朝觐往返，霍郡适当其冲，虑郡廨隘陋"，所以增大重建。至于现存建筑物的做法及权衡，古今所无，年代殊难断定。

县府大门上斗栱（见插图七）华栱层层作卷瓣，也是违背常规的做法。

霍县　北门外桥及铁牛

北门桥上的铁牛，算是霍州一景，其实牛很平常，桥上栏杆则在建筑师的眼中，不但可算一景，简直可称一出喜剧。

桥五孔，是北方所常见的石桥，本无足怪（见图版十三甲）。少见的是桥栏杆的雕刻，尤以望柱为甚。栏版的花纹，各个不同，或用莲花，如意，万字，钟，鼓等等纹样，刻工虽不精而布置尚可，可称粗枝大叶的石刻。至于望柱柱头上的雕饰，则动植物，博古，几何形，无所不有，个个不同，没有重复，其中如猴子，人手，鼓，瓶，佛手，仙桃，葫芦，十六角形块，以及许多无名的怪形体，粗糙胪列，如同儿戏，无一不足，令人发笑（见图版十三乙）。

至于铁牛（见图版十三丙），与我们曾见过无数的明代铁牛一样，笨蠢无生气，虽然相传为尉迟恭铸造，以制河保城的。牛日夜为村童骑坐抚摸，古色光润，自是当地一宝。

赵城县　侯村　女娲庙

由赵城县城上霍山，离城八里，路过侯村，离村三四里，已看见巍然高起的殿宇。女娲庙，《志》称唐构，访谒时我们固是抱着很大的希望的。

庙的平面，地面深广，以正殿——娲皇殿——为中心，四周为廊屋，南面廊屋中部为二门，二门之外，左右仍为廊屋，南面为墙，正中辟山门，这样将庙分为内外两院。内院正殿居中，外院则有碑亭两座东西对立，印象宏大。这种是比较少见的平面布置。

按庙内宋开宝六年碑："乃于平阳故都，得女娲原庙重修，……南北百丈，东西九筵；雾罩檐楹，香飞户牖，……"但《志》称天宝六年重修，也许是开宝六年之误。次古的有元至元十四年重修碑，此外明清两代重修或祀祭的碑碣无数。

现存的正殿五间（见图版十三丁），重檐歇山，额曰娲皇殿。柱高瘦而斗栱不甚大。上檐斗栱（见图版十四甲），重栱双下昂造，每间用补间铺作一朵；下檐单下昂，无补间铺作。就上檐斗栱看，柱头铺作的下昂，较补间铺作者稍宽，其上有颇大的梁头伸出，略具"桃尖"之形，下檐亦有梁头，但较小。就这点上看来，这殿的年代，恐不能早过元末明初。现在正脊桁下且尚大书崇祯年间重修的字样。

柱头间联络的阑额甚细小，上承宽厚的普拍枋。歇山部分的梁架，也似汾阳国宁寺所见，用斗栱在顺梁（或额）上承托采步金梁，因顺梁大小只同阑额，颇呈脆弱之状（见图版十四乙）。这殿的彩画，尤其是内檐的，尚富古风，颇有《营造法式》彩画的意味（见图版十四乙）。殿门上铁铸门钹（见图版十四丙），门钉，铸工极精俊。

二门内偏东宋石经幢，全部权衡虽不算十分优美，但是各部的浮雕精绝（见图版十四丁），如图版下段（为须弥座之上枋）的佛迹图，正中刻城门，甚似敦煌壁画中所绘，左右图"太子"所见。中段覆盘，八面各刻狮象。上段仰莲座，各瓣均有精美花纹，其上刻花蕊。除大相村天保造像外，这经幢当为此行所见石刻中之最上妙品。

赵城县　广胜寺下寺

一年多以前，赵城宋版藏经之发现，轰动了学术界，广胜寺之名，已传遍全国了。国人只知藏经之可贵，而不知广胜寺建筑之珍奇。

广胜寺距赵城县城东南约四十里，据霍山南端。寺分上下两院，俗称"上寺""下寺"。上寺在山上，下寺在山麓，相距里许（但是照当地乡人的说法，却是上山五里，下山一里）。

由赵城县出发，约经二十里平原，地势始渐高，此二十里虽说是平原，但多黏土平头小冈，路陷赤土谷中，蜿蜒出入，左右只见土崖及其上麦黍，头上一线蓝天，炎日当顶，极乏趣味。后二十里积渐坡斜，直上高冈，盘绕上下，既可前望山峦屏嶂，俯瞰田陇农舍，乃又穿行几处山庄村落，中间小庙城楼，街巷里井，均极幽雅有画意，树亦渐多渐茂，古干有合抱的，底下必供着树神，留着香火的痕迹。山中甘泉至此已成溪，所经地域，妇人童子多在濯菜浣衣，利用天然。泉清如琉璃，常可见底，见之使人顿觉清凉，风景是越前进越妩媚可爱。

但快到广胜寺时，却又走到一片平原上，这平原浩荡辽阔乃是最高一座山脚的干河床，满地石片，几乎不毛，不过霍山如屏，晚照斜阳早已在望，气象反开朗宏壮，现出北方风景的性格来。

因为我们向着正东，恰好对着广胜寺前行，可看其上下两院殿宇，及宝塔，附依着山侧，在夕阳渲染中闪烁辉映，直至日落。寺由山下望着虽近，我们却在暮霭中兼程一时许，至人困骡乏，始赶到下寺门前。

下寺据在山坡上，前低后高，规模并不甚大。前为山门三间，由兜峻的甬道可上。山门之内为前院，又上而达前殿。前殿五间，左右有钟鼓楼，紧贴在山墙上，楼下券洞可通行，即为前殿之左右掖门（见图版十五丙）。前殿之后为后院，正殿七间居后面正中，左右有东西配殿。

山门 山门外观奇特，最饶古趣（见图版十五甲）。屋盖歇山造，柱高，出檐远，主檐之下前后各有"垂花雨搭"，悬出檐柱以外（见图版十五乙），故前后面为重檐，侧面为单檐。主檐斗栱单抄单下昂造，重栱五铺作，外出两跳。下昂并不挑起。但侧面小柱上，则用双抄。泥道重栱之上，只施柱头枋一层，其上并无压槽枋。外第一跳重栱，第二跳令栱之上施替木以承挑檐榑。耍头斫作蚂蚱头形，斜面微颛，如大同各寺所见。

雨搭由檐柱挑出，悬柱上施阑额，普拍枋，其上斗栱单抄四铺作单栱造。悬柱下端截齐，并无雕饰。

殿身檐柱甚高，阑额纤细，普拍枋宽大，阑额出头斫作蚂蚱头形。普拍枋则斜抹角。

内部中柱上用斗栱，承托六椽栿下，前后平椽缝下，施替木及襻间。脊榑及上平榑，均用蜀柱直接立于四椽栿上。檐椽只一层，不施飞椽。

如山门这样外表，尚为我们初见；四椽栿上三蜀柱并立，可以省却一道平梁，也是少见的。

前殿 前殿五间，殿顶悬山造；殿之东西为钟鼓楼。阶基高出前院约三公尺，前有月台；月台左右为礓磜甬道，通钟鼓楼之下（见图版十五丙）。

前殿除当心间南面外，只有柱头铺作，而没有补间铺作。斗栱（见图版十五丁），正心用泥道重栱，单昂出一跳，四铺作，跳头施令栱替木，以承橑檐枋，甚古简。令栱与梁头相交，昂嘴颤势甚弯。后面不用补间铺作，更为简洁（见图版十六甲）。

在平面上，南面左右第二缝金柱地位上不用柱（见插图八），却用极大的内额，由内平柱直跨至山柱上，而将左右第二缝前后檐柱上的"乳栿"（？）尾特别伸长，斜向上挑起，中段放在上述内额之上，上端在平梁之下相接，承托着平梁之中部（见图版十六乙、图版十六丙），这与斗栱的用昂，在原则上，是相同的，可以说是一根极大的昂。广胜寺上下两院，都用与此相类的结构法。这种构架，在我们历年国内各地所见许多的遗物中，这还是第一个例。尤其重要的，是因日本的古建筑，尤其是飞鸟灵乐等初期的遗构，都是用极大的昂，结构法与此相类，这个实例乃大可佐证建筑家早就怀疑的问题，这问题便是日本这种结构法，是直接承受中国宋以前建筑规制，并非自创，而此种规制，在中国后代反倒失传或罕见。同时使我们相信广胜寺各构，在建筑遗物实例中的重要，远超过于我们起初所想象的。

两山梁架用材极为轻秀，为普通大建筑物中所少见。前后出檐飞子极短，博风版狭而长。正脊垂脊及吻兽均雕饰繁富。

殿北面门内供僧像一躯，显然埃及风味，煞是可怪（见图版十六丁）。

两山墙外为钟鼓楼下有砖砌阶基。下为发券门道可以通行。阶基立小小方亭。斗栱单昂，十字脊歇山顶。就钟鼓楼的位置论，这也不是一个常见的布置法。

殿内佛像颇笨拙，没有特别精彩处。

正殿 正殿七间居最后。正中三间辟门，门左右有很高的直棂槛窗。殿顶也是悬山造(见图版十七甲)。

斗栱(见图版十七乙)，五铺作，重栱，出两跳，单抄单下昂，昂是明清所常见的假昂，乃将平置的华栱而加以昂嘴的。斗栱只施于柱头不用补间铺作。令栱上施替木，以承橑檐枋。泥道重栱之上，只施柱头枋一层，其上相隔颇远，方置压槽枋。论到用斗栱之简洁，我们所见到的古建筑，以这两处为最；虽然就斗栱与建筑物本身的权衡比起来，并不算特别大，而且在昂嘴及普拍枋出头处等详部，似乎倾向较后的年代，但是就大体看，这寺的建筑，其古洁的确是超过现存所有中国古建筑的。这个到底是后代承袭较早的遗制，还是原来古构已含了后代的几个特征，却甚难说。

正殿的梁架结构，与前殿大致相同。在平面上左右缝内柱与檐柱不对中(见插图九)，所以左右第一二缝檐柱上的乳栿，皆将后尾翘起，搭在大内额上(见图版十七丙)，但栿（或昂）尾只压在四椽栿下，不似前殿之在平梁下正中相交。四椽栿以上侏儒柱及平梁均轻秀如前殿，这两殿用材之经济，虽尚未细测，只就肉眼观察，较以前我们所看过的辽代建筑尚过之。若与官式清代梁架比，真可算中国建筑物中梁架轻重之两极端，就比例上计算，这寺梁的横断面的面积，也许不到清式梁的横断面三分之一。

正殿佛像五尊，塑工精极，虽经过多次的重妆，还与大同华岩寺簿伽教藏殿塑像多少相似。侍立诸菩萨尤为俏丽有神，饶有唐风，佛容衣带，庄者庄，逸者逸，塑造技艺，实臻绝顶（见图版十七丁）。东西山墙下十八罗汉，并无特长，当非原物。

东山墙尖象眼壁上，尚有壁画一小块，图像色泽皆美。据说民十六寺僧将两山壁画卖与古玩商，以价款修葺殿宇，这虽是极不幸的事，但是据说当时殿宇倾颓，若不如此，便将殿画同归于尽，如果此语属实，殿宇因此而存，壁画虽流落异邦，但也算两者均得其所。惟恐此种计划仍然是盗卖古物谋利的动机。现在美国彭省大学博物院所陈列的一幅精美的称为"唐"的壁画，与此甚似。近又闻美国甘撒斯省立博物院，新近得壁画，售者告以出处，即云此寺。

朵殿 正殿之东西各有朵殿三间（见图版十七戊）。朵殿亦悬山造，柱瘦高，额细，普拍枋甚宽。斗栱四铺作单下昂。当心间用补间铺作两朵，梢间一朵。全部与正殿前殿大致相似，当是同年代物。

赵城县　广胜寺上寺

上寺在霍山最南的低峦上。寺前的"琉璃宝塔"，兀立山头，由四五十里外望之，已极清晰。

由下寺到上寺的路颇兜峻，盘石奇大，但石皮极平润，坡上点缀着山松，风景如中国画里山水近景常见的布局，峦顶却是一个小小的高原，由此望下，可看下寺，鸟瞰全景；高原的南头就是上寺山门所在。山门之内是空院，空院之北，与山门相对者为垂花门。垂花门内在正中线上，立着"琉璃宝塔"。塔后为前殿，著名的宋版藏经，就藏在这殿里。前殿之后是个空敞的前院，左右为厢房，北面为正殿。正殿之后为后殿，左右亦有两厢。此外在山坡上尚有两三处附属的小屋子。

琉璃宝塔　亦称飞虹塔（见图版十八甲）。就平面的位置上说，塔立在垂花门之内，前殿之前的正中线上，本是唐制。塔平面作八角形，高十三级，塔身砖砌，饰以琉璃瓦的角柱，斗栱檐瓦佛像等等。最下层有木围廊。这种做法，与热河永庥寺舍利塔及北平香山静宜园琉璃塔是一样的。但这塔围廊之上，南面尚出小抱厦一间，上交十字脊。

全部的权衡上看，这塔的收分特别的急速，最上层檐与最下层砖檐相较，其大小只及下者三分之一强。而且上下各层的塔檐轮廓成一直线，没有卷杀（entasis）圜和之味。各层檐角也不翘起，全部呆板的直线，绝无寻常中国建筑柔和的线路。

塔之最下层供极大的释迦坐像一尊，如应县佛宫寺木塔之制。下层顶棚作穹窿式，饰以极繁细的琉璃斗栱。塔内有级可登，其结构法之奇特，在我们尚属初见。普通的砖塔内部，大半不可入，尤少可以攀登的。这塔却是个较罕的例外。塔内阶级每步高约六七十公分，宽约十余公分，成一个约合六十度的兜峻的坡度。这极高极狭的踏步每段到了终点，平常用"半楼板"lanaing 的地方，却不用 lanaing，竟忽然停止，由这一段的最上一级，反身却可迈过空的 lanaing，攀住背面墙上又一段踏步的最下一级（见插图十）；在梯的两旁墙上，留下小砖孔，可以容两手攀扶及放烛火的地方。走上这没有半丝光线的峻梯的人，在战栗之余，不由得不赞叹设计者心思之巧妙。

关于这塔的年代，相传建于北周，我们除在形制上可以断定其为明清规模外，在许多的琉璃上，我们得见正德十年的年号，所以现存塔身之型成，年代很少可疑之点。底层木廊正檩下，又有"天启二年创建"字样，就是廊子过大而不相称的权衡看来，我们差不多可以断定正德的原塔是没有这廊子的。

虽然在建筑的全部上看来，各种琉璃瓦饰用得繁缛不得当，如各朵斗栱的耍头，均塑作狰狞的鬼脸，尤为滑稽；但就琉璃自身的质地及塑工说，可算无上精品（见图版十八乙）。

前殿 前殿在塔之北；殿的前面及殿前不甚大的院子，整个被高大的塔挡住。殿面阔五间，进深四间，屋顶单檐歇山造（见图版十八丙）。斗栱（见图版十八丁），重栱造，双下昂；正面当心间用补间铺作两朵，次间一朵，梢间不用；这种的布置，实在是疏朗的，但因开间狭而柱高，故颇呈密挤之状，骤看似晚代布置法。但在山面，却不用补间铺作，这种正侧两面完全不同的布置，又是他处所未见。柱头与柱头间之联络，阑额较小而普拍枋宽大，角柱上出头处，阑额斫作楂头，普拍枋头斜抹角。我们以往所见两普拍枋在柱头相接处（即《营造法式》所谓"普拍枋间缝"），都顶头放置，但此殿所见，则如《营造法式》卷三十所见"勾头搭掌"的做法，也许以前我们疏忽了，所以迟迟至今才初次开眼。

前殿的梁架，与下寺诸殿梁架亦有一个相同之点，就是大昂之应用。除去前后檐间的大昂外，两山下的大昂（见插图十一），尤为巧妙。可惜摄影失败，只留得不甚准确的速写断面图。这大昂的下端承托在斗栱耍头之上，中部放在"采步金"梁之上，后尾高高翘起，挑着平梁的中段，这种做法，与下寺所见者同一原则，而用得尤为得当。

前殿塑像颇佳（见图版十八戊），虽已经过多次的重塑，但尚保存原来清秀之气。佛像两旁侍立像，宋风十足，背面像则略次。

正殿 面阔五间，悬山造（见图版十九甲），前殿开敞的庭院，与前殿隔院相望。骤见殿前廊檐，极易误认为近世的构造，但廊檐之内，抱头梁上，赫然犹见单昂斗栱的原状（见图版十九乙）。如同下寺正殿一样，这殿并不用补间铺作，结构异常简洁。内部梁架，因有顶棚，故未得见，但一定也有伟大奇特的做法。

正殿供像三尊，释迦及文殊普贤，塑工极精，富有宋风；其中尤以菩萨为美（见图版十九丙）。佛帐上剔空浮雕花草龙兽几何纹（见图版十九丁），精美绝伦，乃木雕中之无上好品。两山墙下列坐十八罗汉铁像，大概是明代所铸。

后殿 居寺之最后。面阔五间，进深四间，四阿顶（见图版二十甲）。因面阔进深为五与四之比，所以正脊长只及当心间之广，异常短促，为别处所未见。内柱相距甚远，与檐柱不并列。斗栱为五铺作双下昂（见图版二十乙）。当心间用补间铺作两朵，次间梢间及两山各用一朵。柱头铺作两下昂平置，托在梁下，补间铺作则将第二层昂尾挑起。柱瘦高，额细长，普拍枋较阑额略宽。角柱上出头处，阑额斫作楷头，普拍枋抹角，做法与前殿完全相同。殿内梁架用材轻巧，可与前殿相埒。山面中线上有大昂尾挑上平榑下。内柱上无内额，四阿并不推山。梁架一部分的彩画，如几道榑下红地白绿色的宝相华（？），及斗栱上的细边古织锦文，想都是原来色泽。

殿除南面当心间辟门外，四周全有厚壁。壁上画像不见得十分古，也不见得十分好。当心间格扇，花心用雕镂拼镶极精细的圆形相交花纹（见图版二十丙），略如《营造法式》卷三十二所见"挑白毬文格眼",而精细过之。这格扇的格眼,乃由许多各个的梭形或箭形雕片镶成,在做工上是极高的成就。在横披上,格扇纹样与下面略异,而较近乎清式"菱花格扇"的图案。

后殿佛像五尊,塑工甚劣,面貌肥俗,手臂无骨,衣褶圆而不垂,背光繁缛不堪,佛冕及发全是密宗的做法(见图版二十丁)。侍立菩萨较清秀,但都不如正殿塑像远甚。

广胜寺上下两院的主要殿宇,除琉璃宝塔而外,大概都属于同一个时期,它们的结构法及作风都是一致的。

上下两寺壁间嵌石颇多,碑碣也不少,其中叙述寺之起原者,有治平元年重刻的郭子仪奏碣。碣字体及花边均甚古雅。文如下:

晋州赵城县城东南三十里,霍山南脚上,古育王塔院一所。右河东□观察使司徒□兼中书令,汾阳郡王郭子仪奏;臣据□朔方左厢兵马使,开府仪同三司,试太常卿,五原郡王李光瓒状称;前塔接山带水,古迹见存,堪置伽蓝,自愿成立。伏乞奏置一寺,为国崇益福□,仍请以阿育王为额者。臣准状牒州勘责,得耆寿百姓陈仙童等状,与光瓒所请,置寺为广胜。因伏乞 天恩,遂其诚愿,如蒙 特命赐以为额,仍请于当州诸寺选僧住持洒扫。中书门下牒河东观察使牒奉敕故牒。大历四年五月二十七日牒。住寺阇梨僧□切见当寺石碣岁久,骤坏年深,今欲整新,重标斯记。治平元年,十一月二十九日。

由右碣文看来,寺之创立甚古,而在唐代宗朝就原有塔院建立伽蓝,敕名广胜。至宋英宗时,伽蓝想仍是唐代原建。但不知何时

伽蓝颓毁,以致需要将下寺:

计九殿自(金)皇统元年辛酉(公元一一四一)至贞元元年癸酉(公元一一五三),历二十三年,无年不兴工。……

却是这样大的工程,据元延祐六年(公元一三一九)石,则:

大德七年(公元一三〇三),地震,古刹毁,大德九年修渠(按即下寺前水渠),木装。延祐六年始修殿。

大德七年的地震一定很剧烈,以致"古刹毁"。现存的殿宇,用大昂的梁架虽属初次拜见,无由与其他梁架遗例比较。但就斗栱枋额看,如下昂嘴纤弱的卷杀,普拍枋出头处之抹去方角,都与他处所见相似。至于瘦高的檐柱和细长的额枋,又与霍县文庙如出一手。其为元代遗物,殆少可疑。不过梁架的做法,极为奇特,在近数年寻求所得,这还是惟一的一个孤例,极值得我们研究的。

赵城县　广胜寺　明应王殿

广胜寺在赵城一带,以其泉水出名。在山麓下下寺之前,有无数的甘泉,由石缝及地下涌出,供给赵城洪洞两县饮料及灌溉之用。凡是有水的地方都得有一位龙王,所以就有龙王庙。

这一处龙王庙规模之大,远在普通龙王庙之上,其正殿——明应王殿——竟是个五间正方重檐的大建筑物（见图版二十一甲）。若是论到殿的年代，也是龙王庙中之极古者。

明应王殿平面五间，正方形，其中三间正方为殿身，周以回廊。上檐显山顶，檐下施重栱双下昂斗栱。当心间施补间铺作两朵，次间施一朵。斗栱（见图版二十一乙）权衡颇为雄大，但两下昂都是平置的华栱，而加以昂嘴的。下檐只用单下昂，次间梢间不施补间铺作，当心间只施一朵，而这一朵却有四十五度角的斜昂。阑额的权衡上下两檐有显著之异点，上檐阑额较高较薄，下檐则极小；而普拍枋则上檐宽薄，而下檐高厚。上檐以阑额为主而辅以普拍枋，下檐与之正相反，且在额下施繁缛的雕花罩子。殿身内前面两金柱省去，而用大梁由前面重檐柱直达后金柱，而在前金柱分位上施扒梁（见插图十二）。并无特殊之点。

明应王殿四壁皆有壁画，为元代匠师笔迹。据说正门之上有画师的姓名及年月，须登梯拂尘燃灯始得读，惜匆匆未能如愿。至于壁画，其题材纯为非宗教的，现有古代壁画，大多为佛像，这种题材，至为罕贵。

至于殿的年代，大概是元大德地震以后所建，与嵩山少林寺大德年间所建鼓楼，有许多相似之点。

明应王殿的壁画，和上下寺的梁架，都是极罕贵的遗物，都是我们所未见过的独例。由美术史上看来，都是绝端重要的史料。我们预备再到赵城作较长时间的逗留，俾得对此数物，作一个较精密的研究。目前只能作此简略的记述而已。

赵城县　霍山　中镇庙

照《县志》的说法，广胜寺在县城东南四十里霍山顶，兴唐寺唐建，在城东三十里霍山中，所以我们认为它们在同一相近的去处，同在霍山上，相去不过二十余里，因而预定先到广胜寺，再由山上绕至兴唐寺去。却是事实乃有大谬不然者。到了广胜寺始知到兴唐寺还须下山绕到去城八里的侯村，再折回向东行再行入山，始能到达。我心想既称唐建，又在山中，如果原构仍然完好，我们岂可惮烦，轻轻放过。

我们晨九时离开广胜寺下山，等到折回又到了霍山时已走了十二小时！沿途风景较广胜寺更佳，但近山时实已入夜，山路崎岖峰峦迫近如巨屏，谷中渐黑，凉风四起，只听脚下泉声奔湍，看山后一两颗星点透出夜色，骡役俱疲，摸索难进，竟落后里许。我们本是一直徒步先行的，至此更得奋勇前进，不敢稍怠（怕夫役强主回头，在小村落里住下），入山深处，出手已不见掌，加以脚下危石错落，松柏横斜，行颇不易。喘息攀登，约一小时，始见远处一灯高悬，掩映松间，知已近庙，更急进敲门。

等到老道出来应对，始知原来我们仍还离着兴唐寺三里多，这处为霍岳山神之庙亦称中镇庙。乃将错就错，在此住下。

我们到时已数小时未食，故第一事便到"香厨"里去烹煮，厨在山坡上窑穴中，高踞庙后左角，庙址既大，高下不齐，废园荒圃，在黑夜中更是神秘，当夜我们就在正殿塑像下秉烛洗脸铺床，同时细察梁架，知其非近代物。这殿奇高，烛影之中，印象森然。

第二天起来忙到兴唐寺去，一夜的希望顿成泡影。兴唐寺虽在山中，却不知如何竟已全部拆建，除却几座清式的小殿外，还加洋式门面等等；新塑像极小，或罩以玻璃框，鄙俗无比，全庙无一样值得纪录的。

中镇庙虽非我们初时所属意，来后倒觉得可以略略研究一下。据《山西古物古迹调查表》，谓庙之创建在隋开皇十四年，其实就形制上看来，恐最早不过元代。

殿身五间，周围廊，重檐歇山顶。上檐施单抄单下昂五铺作斗栱，下檐则仅单下昂。斗栱颇大，上下檐俱用补间铺作一朵（见图版二十一丙）。昂嘴细长而直；耍头前面微颤，而上部圆头突起，至为奇特。

太原县　晋祠

晋祠离太原仅五十里，汽车一点多钟可达，历来为出名的"名胜"，闻人名士由太原去游览的风气自古盛行。我们在探访古建的习惯中，多对"名胜"怀疑：因为最是"名胜"容易遭"重修"乃至于"重建"的大毁坏，原有建筑故最难得保存！所以我们虽然知道晋祠离太原近在咫尺，且在太原至汾阳的公路上，我们亦未尝预备去访"胜"的。

直至赴汾的公共汽车上了一个小小山坡，绕着晋祠的背后过去时，忽然间我们才惊异的抓住车窗，望着那一角正殿的侧影，爱不忍释。相信晋祠虽成"名胜"，却仍为"古迹"无疑。那样魁伟的殿顶，雄大的斗栱，深远的出檐，到汽车过了对面山坡时，尚巍巍在望，非常醒目。晋祠全部的布置，则因有树木看不清楚，但范围不小，却也是一望可知。

我们惭愧不应因其列为名胜而即定其不古，故相约一月后归途至此下车，虽不能详察或测量，至少亦得浏览摄影，略考其年代结构。

由汾回太原时我们在山西已过了月余的旅行生活，心力俱疲，还带着种种行李什物，诸多不便，但因那一角殿宇常在心目中，无论如何不肯失之交臂，所以到底停下来预备作半日的勾留，如果错过那末后一趟公共汽车回太原的话，也只好听天由命，晚上再设法露宿或住店！

在那种不便的情形下，带着一不做，二不休的拼命心理，我们下了那挤到水泄不通的公共汽车，在大堆行李中检出我们的"粗重细软"——由杏花村的酒坛子到峪道河边的兰芝种子——累累赘赘的，背着掮着，到车站里安顿时，我们几乎埋怨到晋祠的建筑太像样——如果花花簇簇的来个乾隆重建，我们这些麻烦不全省了么？

但是一进了晋祠大门，那一种说不出的美丽辉映的大花园，使我们惊喜愉悦，过于初时的期望。无以名之，只得叫它做花园。其实晋祠布置又像庙观的院落，又像华丽的宫苑，全部兼有开敞堂皇的局面和曲折深邃的雅趣，大殿楼阁在古树婆娑池流映带之间，实像个放大的私家园亭。

所谓唐槐周柏，虽不能断其为原物，但枝干奇伟，虬曲横卧，煞是可观。池水清碧，游鱼闲逸，还有后山石级小径楼观石亭各种衬托。各殿雄壮，巍然其间，使初进园时的印象，感到俯仰堂皇，左右秀媚，无所不适。虽然再进去即发见近代名流所增建的中西合壁的丑怪小亭子等等，夹杂其间。

圣母庙为晋祠中间最大的一组建筑；除正殿外，尚有前面"飞梁"（即十字木桥），献殿及金人台，牌楼等等（见插图十三），今分述如下：

正殿　晋祠圣母庙大殿（见图版二十二甲），重檐歇山顶，面阔七间进深六间，平面几成方形，在布置上，至为奇特。殿身五间，副阶周匝。但是前廊之深为两间，内槽深三间（见插图十三），故前廊异常空敞，在我们尚属初见。

斗栱的分配，至为疏朗（见图版二十二乙）。在殿之正面，每间用补间铺作一朵，侧面则仅梢间用补间铺作。下檐斗栱五铺作，单栱出两跳；柱头出双下昂，补间出单抄单下昂。上檐斗栱六铺作，单栱出三跳，柱头出双抄单下昂，补间出单抄双下昂，第一跳偷心，但饰以翼形栱。但是在下昂的形式及用法上，这里又是一种曾未得见的奇例。柱头铺作上极长大的昂嘴两层，与地面完全平行，与柱成正角，下面平，上面斫颇，并未将昂嘴向下斜斫或斜插，亦不求其与补间铺作的真下昂平行，完全真率的坦然放在那里，诚然是大胆诚实的做法。在补间铺作上，第一层昂昂尾向上挑起，第二层则将与令栱相交的耍头加长斫成昂嘴形，并不与真昂平行的向外伸出。这种做法与正定龙[隆]兴寺摩尼殿斗栱极相似，至于其豪放生动，似较之尤胜。在转角铺作上，各层昂及由昂均水平的伸出，由下面望去，颇呈高爽之象。山面除梢间外，均不用补间铺作。斗栱彩画与《营造法式》卷三十四"五彩遍装"者极相似。虽属后世重装，当是古法。

这殿斗栱俱用单栱，泥道单栱上用柱头枋四层，各层枋间用斗垫托。阑额狭而高,上施薄而宽的普拍枋。角柱上只普拍枋出头,阑额不出。平柱至角柱间,有显著的生起。梁架为普通平置的梁,殿内因黑暗,时间匆促,未得细查。前殿因深两间,故在四椽栿上立童柱,以承上檐,童柱与相对之内柱间,除斗栱上之乳栿及劄牵外,柱头上更用普拍枋一道以相固济（见图版二十二丙）。

按卫聚贤《晋祠指南》,称圣母庙为宋天圣年间建。由结构法及外形姿势看来,较《营造法式》所订的做法的确更古拙豪放,天圣之说当属可靠。

献殿　献殿（见图版二十三甲）在正殿之前,中隔放生池。殿三间,歇山顶。与正殿结构法手法完全是同一时代同一规制之下的。斗栱（见图版二十三乙）单栱五铺作；柱头铺作双下昂,补间铺作单抄单下昂,第一跳偷心,但饰以小小翼形栱。正面每间用补间铺作一朵,山面惟正中间用补间铺作。柱头铺作的双下昂,完全平置,后尾承托梁下,昂嘴与地面平行,如正殿的昂。补间则下昂后尾挑起,耍头与令栱相交,长长伸出,斫作昂嘴形。两殿斗栱外面不同之点,惟在令栱之上,正殿用通长的挑檐枋,而献殿则用替木。斗栱后尾惟下昂挑起,全部偷心,第二跳跳头安梭形"栱"（见图版二十三丙）,单独的昂尾挑在平槫之下。至于柱额普拍枋,与正殿完全相同。

献殿的梁架,只是简单的四椽栿上放一层平梁,梁身简单轻巧,不弱不费,故能经久不坏。

殿之四周均无墙壁,当心间前后辟门,其余各间在坚厚的槛墙之上安直棂栅栏,如《营造法式》小木作中之义子,当心间门扇亦为直棂栅栏门。

殿前阶基上铁狮子一对（见图版二十三丁）,极精美,筋肉真实,灵动如生。左狮胸前文曰"太原文水弟子郭丑牛兄……政和八年四月二十六日",座后文为"灵石县任章常杜任用段和定……",右狮字不全,只余"乐善"二字。

飞梁 正殿与献殿之间,有所谓"飞梁"者,横跨鱼沼之上。在建筑史上,这"飞梁"是我们现在所知的惟一的孤例。本刊五卷一期中,刘敦桢先生在《石轴柱桥述要》一文中,对于石柱桥有详细的伸述,并引《关中记》及《唐六典》中所纪录的石柱桥。就晋祠所见,则在池中立方约三十公分的石柱若干,柱上端微卷杀如殿宇之柱;柱上有普拍枋相交,其上置斗,斗上施十字栱相交,以承梁或额(见图版二十四甲)。在形制上这桥诚然极古,当与正殿献殿属于同一时期。而在名称上尚保存着古名,谓之飞梁,这也是极罕贵值得注意的。

金人 献殿前牌楼之前,有方形的台基,上面四角上各立铁人一,谓之金人台。四金人之中,有两个是宋代所铸,其西南角金人(见图版二十四乙、图版二十四丙)胸前铸字,为宋故绵州魏城令刘植……等于绍圣四年立。像塑法平庸,字体尚佳。其中两个近代补铸,一清朝,一民国,塑铸都同等的恶劣。

晋祠范围以内,尚有唐叔虞祠,关帝庙等处,匆促未得入览,只好俟诸异日。唐贞观碑原石及后代另摹刻的一碑均存,且有碑亭妥为保护。

山西民居

门楼　山西的村落无论大小，很少没有一个门楼的（见图版二十五甲）。村落的四周，并不一定都有围墙，但是在大道入村处，必须建一座这种纪念性建筑物，提醒旅客，告诉他又到一处村镇了。河北境内虽也有这种布局，但究竟不如山西普遍。

山西民居的建筑也非常复杂，由最简单的穴居到村庄里深邃富丽的财主住宅院落，到城市中紧凑细致的讲究房子（见图版二十五戊），颇有许多特殊之点，值得注意。但限于篇幅及不多的相片，只能略举一二，详细分类研究，只能等候以后的机会了。

穴居　穴居之风，盛行于黄河流域，散见于河南，山西，陕西，甘肃诸省，龙非了先生在本刊五卷一期《穴居杂考》一文中，已讨论得极为详尽。这次在山西随处得见；穴内冬暖夏凉，住居颇为舒适，但空气不流通，是一个极大的缺憾。穴窑均作抛物线形，内部有装饰极精者，窑壁抹灰，乃至用油漆护墙。窑内除火炕外，更有衣橱桌椅等等家具。窑穴时常据在削壁之旁，成一幅雄壮的风景画（见图版二十五乙），或有穴门权衡优美纯净，可在建筑术中称上品的（见图版二十五丙、图版二十五丁）。

砖窑　这并非北平所谓烧砖的窑，乃是指用砖发券的房子而言（见图版二十六甲）。虽没有向深处研究，我们若说砖窑是用砖来模仿崖旁的土窑，当不至于大错。这是因住惯了穴居的人，要脱去土窑的短处，如潮湿，土陷的危险等等，而保存其长处，如高度的隔热力等，所以用砖砌成窑形，三眼或五眼，内部可以互通。为要压下券的推力，故在两旁须用极厚的墙墩；为要使券顶坚固，故须用土作撞券。

这种极厚的墙壁，自然有极高的隔热力的。

这种窑券顶上，均用砖墁平（见图版二十六乙），在秋收的时候，可以用作曝晒粮食的露台。或防匪时村中临时城楼，因各家窑顶多相联，为便于升上窑顶，所以窑旁均有阶级可登。山西的民居，无论贫富，什九以上都有砖窑或土窑的，乃至在寺庙建筑中，往往也用这种做法。在赵城至霍山途中，适过一所建筑中的砖窑（见图版二十六丙），颇饶趣味。

在这里我们要特别介绍在霍山某民居门上所见的木版印门神（见图版二十六丁），那种简洁刚劲的笔法，是匠画中所绝无仅有的。

磨坊　磨坊虽不是一种普通的民居，但是住着却别有风味。磨坊利用急流的溪水做发动力，所以必须引水入庭院而入室下，推动机轮，然后再循着水道出去流入山溪。因磨粉机不息的震动，所以房子不能用发券，而用特别粗大的梁架。因求面粉洁净，坊内均铺光润的地板。凡此种种，都使得磨坊成为一种极舒适凉爽，又富有雅趣的住处（见图版二十七甲、图版二十七乙、图版二十七丙），尤其是峪道河深山深溪之间，世外桃源里，难怪得被洋人看中做消夏最合宜的别墅。

由全部的布局上看来，山西的村野的民居，最善利用地势，就山崖的峻缓高下，层层叠叠，自然成画！使建筑在它所在的地上，如同自然由地里长出来，权衡适宜，不带丝毫勉强，无意中得到建筑术上极难得的优点。

农庄内民居　就是在很小的村庄之内，庄中富有的农人也常有极其讲究的房子。这种房子和北方城市中"瓦房"同一模型，皆以"四合头"为基本，分配的形式，中加屏门，垂花门等等。其与北平通常所见最不同处有四点：

一、在平面上，假设正房向南，东西厢房的位置全在北房"通面阔"的宽度以内，使正院成一南北长东西窄，狭长的一条，失去四方的形式（见图版二十五戊）。这个布置在平面上当然是省了许多地盘，比将厢房移出正房通面阔以外经济，且因其如此，正房及厢房的屋顶（多半平顶）极容易联络，石梯的位置，就可在厢房北头，夹在正房与厢房之间，上到某程便可分两面，一面旁转上到厢房顶，又一面再上几级可达正房顶。

二、虽说是瓦房，实仍为平顶砖窑，仅留前廊或前檐部分用斜坡青瓦。侧面看去实像砖墙前加用"雨搭"。

三、屋外观印象与所谓三开间同，但内部却仍为三窑眼，窑与窑间亦用发券门，印象完全不似寻常堂屋。

四、屋的后面女儿墙上做成城楼式的箭垛，所以整个房子后身由外面看去直成一座堡垒（见图版二十七丁）。

城市中民房 如介休灵石城市中民房与村落中讲究的大同小异，但多有楼，如用窑造亦仅限于下层。城中房屋栉比，拥挤不堪，平面布置尤其经济，不多占地盘，正院普通的更瘦窄。

一房与他房间多用夹道，大门多在曲折的夹道内，不像北平房子之庄重均衡，虽然内部则仍沿用一正两厢的规模。

这种房子最特异之点，在瓦坡前后两片不平均的分配。房脊靠后许多，约在全进深四分之三的地方，所以前坡斜长，后坡短促，前檐玲珑，后墙高垒，作内秀外雄的样子，倒极合理有趣。

赵城霍州的民房所占地盘较介休一般从容得多。赵城房子的檐廊部分尤多繁富的木雕，院内真是画梁雕栋琳琅满目，房子虽大，联络甚好，因厢房与正屋多相连属，可通行。

山庄财主的住房　这种房子在一个庄中可有两三家，遥遥相对，仍可以令人想象到当日的气焰。其所占地面之大，外墙之高，砖石木料上之工艺，楼阁别院之复杂，均出于我们意料之外甚多。灵石往南，在汾水东西有几个山庄，背山临水，不宜耕种，其中富户均经商别省，发财后回来筑舍显耀宗族的。

房子造法形式与其他山西讲究房子相同，但较近于北平官式，做工极其完美。外墙石造雄厚惊人，有所谓"百尺楼"者，即此种房子的外墙，依着山崖筑造，楼居其上。由庄外遥望，十数里外犹可见，百尺矗立，崔嵬奇伟，足镇山河，为建筑上之荣耀！

结　尾

这次晋汾一带暑假的旅行，正巧遇着同蒲铁路兴工期间，公路被毁，给我们机会将三百余里的路程，慢慢的细看，假使坐汽车或火车，则有许多地方都没有停留的机会，我们所错过的古建，是如何的可惜。

山西因历代争战较少，故古建筑保存得特多。我们以前在河北及晋北调查古建筑所得的若干见识，到太原以南的区域，若观察不慎，时常有以今乱古的危险。在山西中部以南，大个儿斗栱并不希罕，古制犹存。但是明清期间山西的大斗栱，栱头昂嘴的卷杀，极其弯矫，斜栱用得毫无节制，而斗栱上加入纤细的三福云一类的无谓雕饰，允其曝露后期的弱点，所以在时代的鉴别上，仔细观察，还不十分扰乱。

殿宇的制度，有许多极大的寺观，主要的殿宇都用悬山顶，如赵城广胜下寺的正殿前殿，上寺的正殿等等，与清代对于殿顶的观念略有不同。同时又有多种复杂的屋顶结构，如霍县火星圣母庙，文水县开栅镇圣母庙等等，为明清以后官式建筑中所少见。有许多重要的殿宇，檐椽之上不用飞椽，有时用而极短。明清以后的作品，雕饰偏于繁缛，尤其屋顶上的琉璃瓦，制瓦者往往为对于一件一题雕塑的兴趣所驱，而忘却了全部的布局，甚悖建筑图案简洁的美德。

发券的建筑，为山西一个重要的特征，其来源大概是由于穴居而起，所以民居庙宇莫不用之，而自成一种特征，如太原的永祚寺大雄宝殿，是中国发券建筑中的主要作品，我们虽然怀疑它是受了耶稣会士东来的影响，但若没有山西原有通用的方法，也不会形成那样一种特殊的建筑的。在券上筑楼，也是山西的一种特征，所以在古剧里，凡以山西为背景的，多有上楼下楼的情形，可见其为一种极普遍的建筑法。

赵城县广胜寺在结构上最特殊，寺旁明应王殿的壁画，为壁画不以佛道为题材的惟一孤例，所以我们在最近的将来，即将前往详究。晋祠圣母庙的正殿，飞梁，献殿，为宋天圣间重要的遗构，我们也必须去作进一步的研究的。

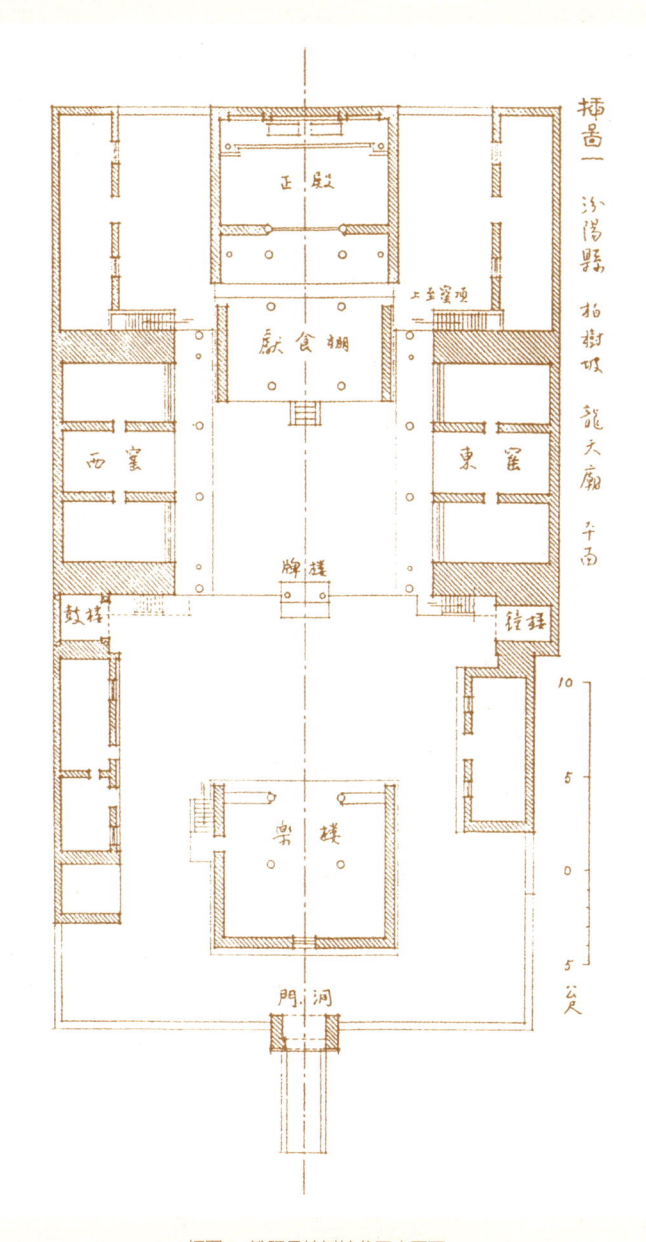

插图一 汾阳县柏树坡龙天庙平面

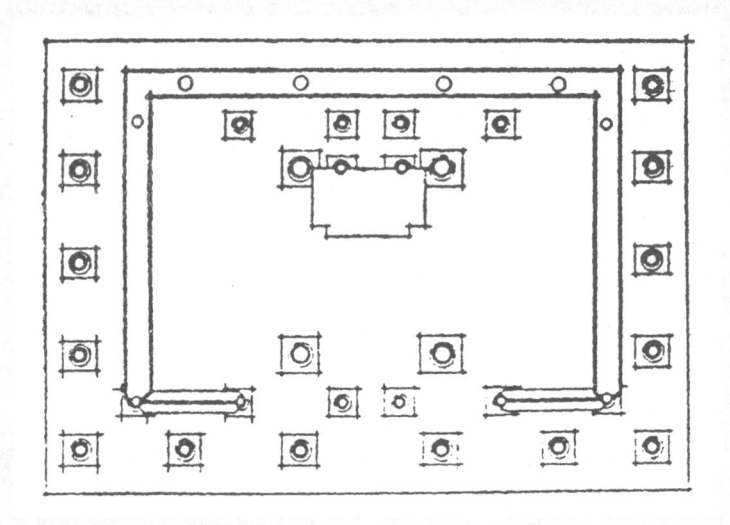

插图二 汾阳国宁寺平面略写

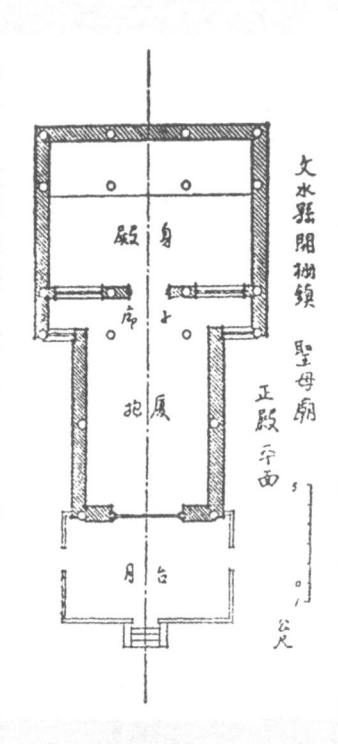

插图三 文水县开栅镇圣母庙正殿平面

林徽因集

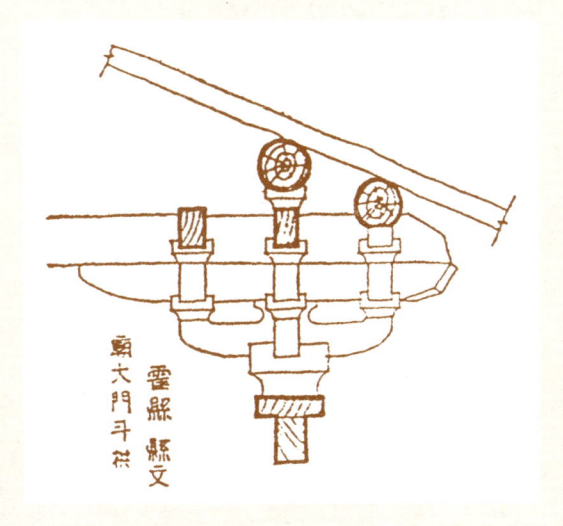

插图四 霍县县文庙大门斗栱

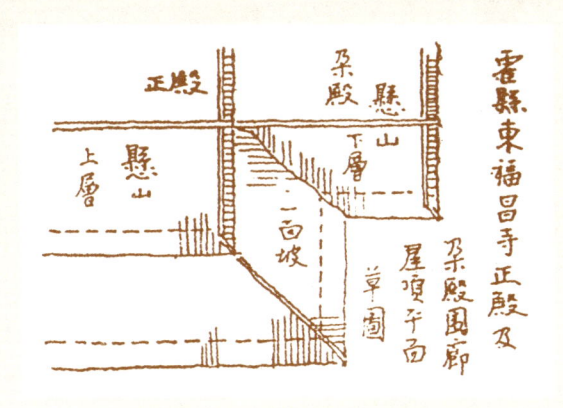

插图五 霍县东福昌寺正殿及朵殿围廊屋顶平面草图

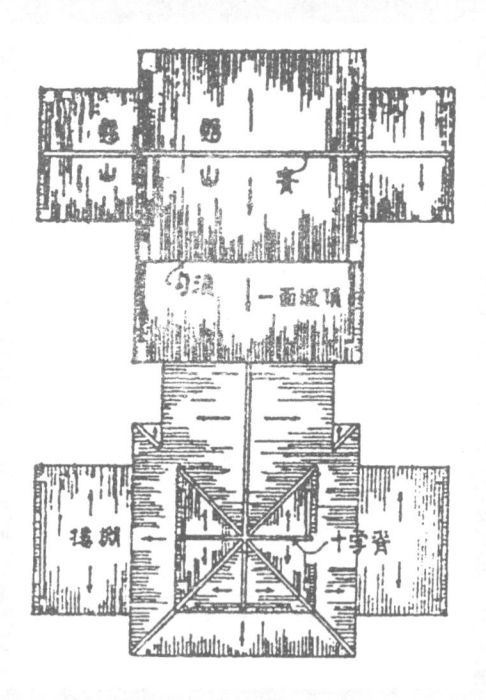

插图六 霍县火星圣母庙屋顶平面

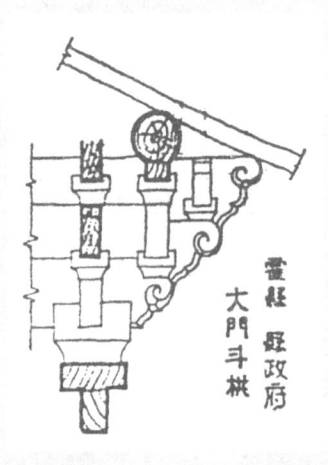

插图七 霍县县政府大门斗栱

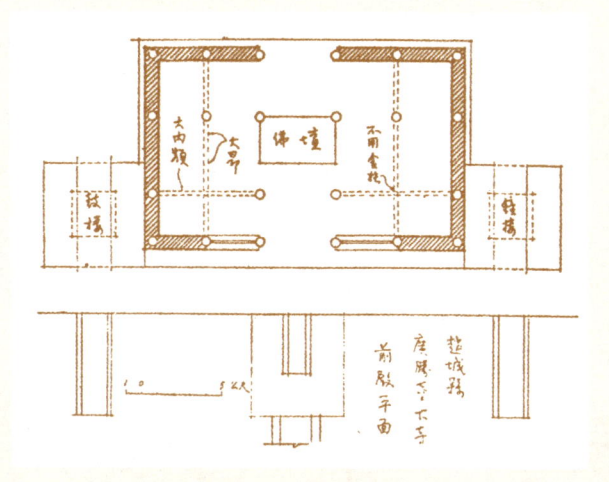

插图八　赵城县广胜寺下寺前殿平面

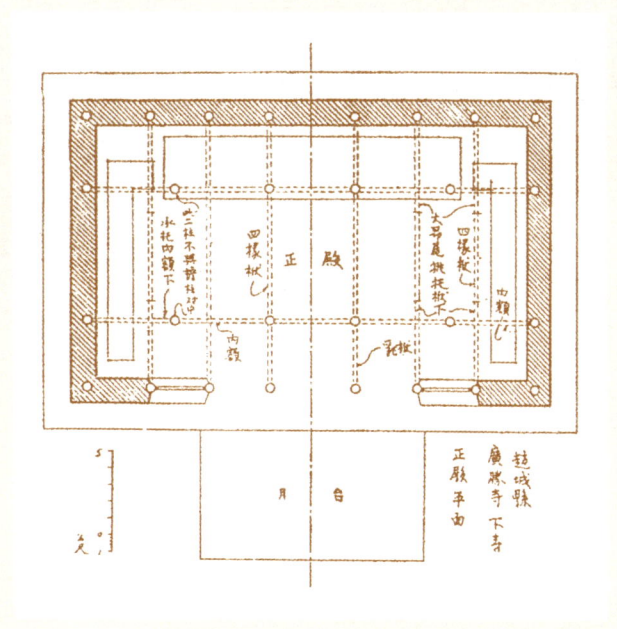

插图九　赵城县广胜寺下寺正殿平面

插图十 赵城县广胜寺飞虹塔内部楼梯断面

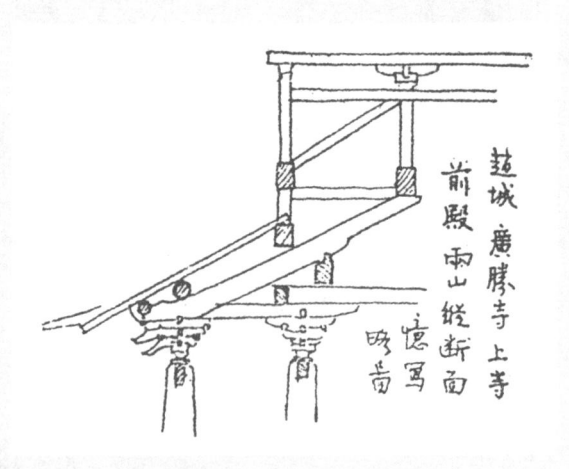

插图十一 赵城县广胜寺上寺前殿两山纵断面忆写略图

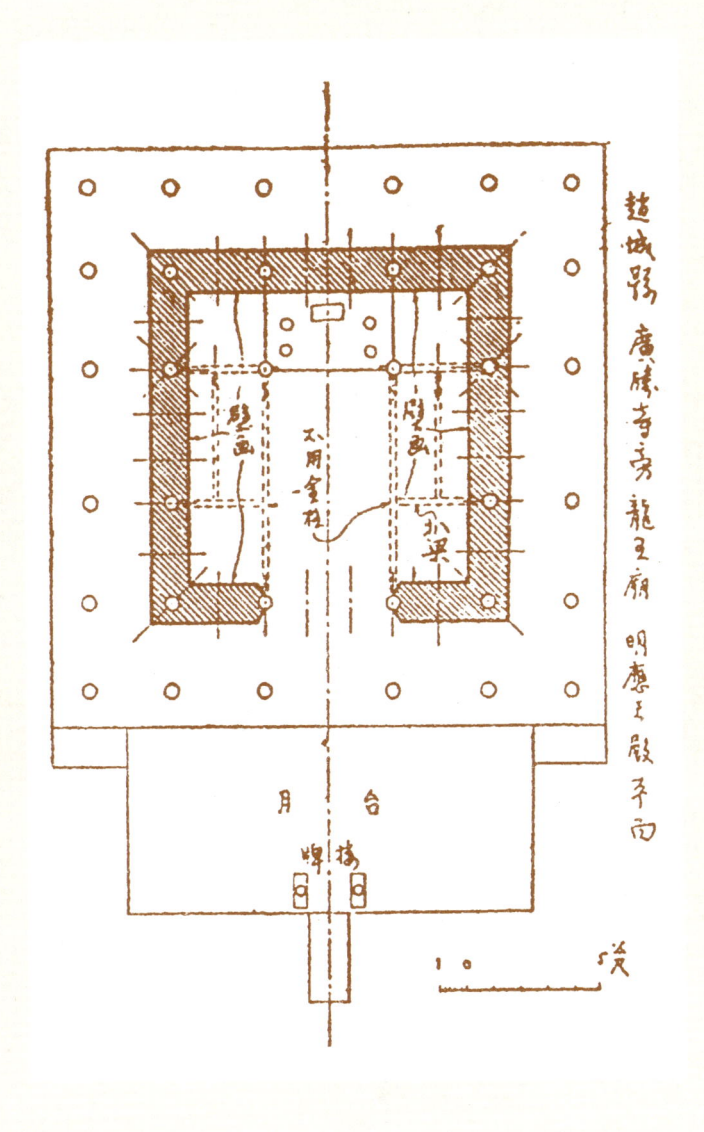

插图十二 赵城县广胜寺旁龙王庙明应王殿平面

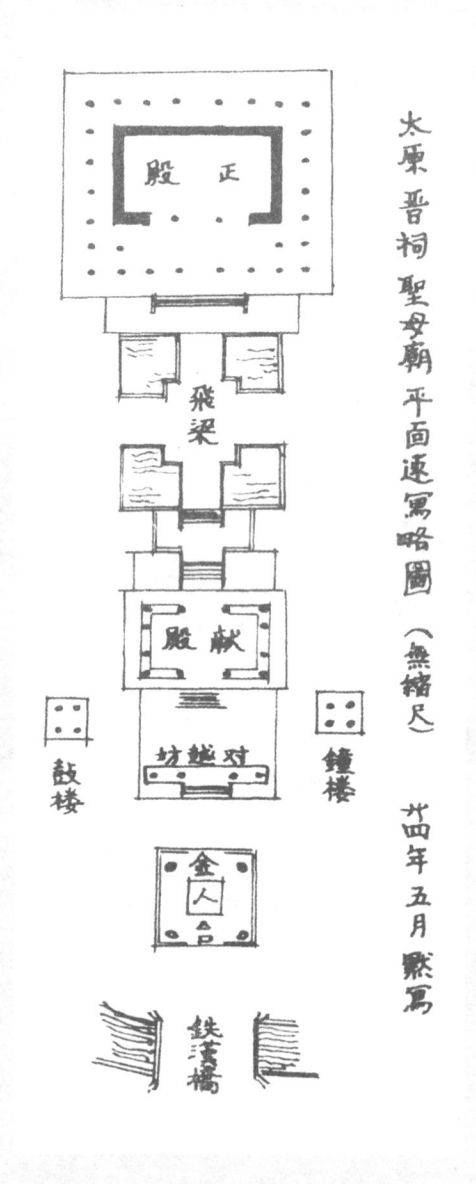

插图十三 太原晋祠圣母庙平面速写略图

图版一（甲）汾阳龙天庙

图版一（乙）龙天庙献食棚及牌楼

建筑 美术

图版一（丙）龙天庙正殿前檐柱及斗栱

图版一(丁)龙天庙正殿斗栱

图版一(戊)龙天庙正殿元匾

图版二（甲）汾阳大相村崇圣寺天王门

图版二（乙）汾阳大相村崇圣寺天王门斗栱

图版二（丙）崇圣寺天王门前檐斗拱后尾

图版二(丁)崇圣寺天王门后檐斗栱　　图版二(戊)汾阳大相村崇圣寺钟楼

图版三（甲）汾阳大相村崇圣寺天王殿

图版三（乙）汾阳大相村崇圣寺前殿

图版三（丙）汾阳大相村崇圣寺前殿斗栱

图版三（丁）汾阳大相村崇圣寺前殿东配殿斗栱

图版四（甲）汾阳大相村崇圣寺正殿

图版四（乙）汾阳大相村崇圣寺正殿斗栱

图版四（丙）汾阳大相村崇圣寺正殿斗栱后尾

图版四（丁）汾阳大相村崇圣寺正殿廊下齐碑

图版五（甲）汾阳大相村崇圣寺后殿（图中人物为林徽因）

图版五（乙）汾阳大相村崇圣寺后殿外檐斗栱

图版五(丙)汾阳大相村崇圣寺后殿内额及斗栱

图版五（丁）汾阳大相村崇圣寺后殿格扇

图版五（戊）汾阳大相村崇圣寺后殿脊饰

图版六（甲）汾阳杏花村国宁寺正殿斗栱

图版六（乙）国宁寺正殿梁架

图版六（丙）文水开栅镇圣母庙正殿（图中人物为林徽因）

图版六（丁）圣母庙正殿斗栱

图版六（戊）文水开栅镇圣母庙正殿歇山结构

图版七（甲）文水文庙大成殿

图版七（乙）文水文庙大成殿斗栱

图版七（丙）文水文庙大成殿梁架

图版七（丁）文水文庙戟门转角斗栱

图版八（甲）汾阳小相村灵岩寺正殿址及铁佛像

图版八（乙）灵岩寺正殿东侧铁佛像（图中人物为林徽因）

图版八（丙）汾阳小相村灵岩寺前殿佛像

图版八(丁) 汾阳小相村灵岩寺西部残窟券壁

图版九（甲）灵岩寺砖塔

图版九（乙）灵岩寺水陆楼

图版九（丙）孝义吴屯村东岳庙正殿

图版九（丁）霍县太清观正殿

图版九（戊）霍县太清观正殿斗栱

图版十（甲）霍县文庙大成门

图版十（乙）文庙大成门斗栱

图版十（丙）文庙大成殿

图版十(丁)文庙大成殿斗栱

图版十(戊)文庙大成殿斗栱后尾及梁架

图版十一（甲）霍县东福昌寺正殿

图版十一（乙）霍县东福昌寺正殿东侧围廊檐部

图版十一（丙）霍县东福昌寺魏造像残石

图版十一（丁）霍县西福昌寺正殿

图版十二（甲）霍县火星圣母庙大门内厢房（图中人物为林徽因）

图版十二（乙）霍县火星圣母庙正殿

图版十二（丙）霍县火星圣母庙琉璃狮子

图版十二(丁)霍县县政府大堂抱厦及斗栱

图版十二(戊)霍县县政府大堂柱础

图版十三（甲）霍县北门外石桥

图版十三（乙）霍县北门外石桥栏杆

图版十三（丙）霍县北门外石桥铁牛

图版十三（丁）赵城县侯村娲皇庙正殿

图版十四（甲）赵城县侯村娲皇庙正殿上檐斗栱

图版十四（乙）赵城县侯村娲皇庙正殿歇山梁架

图版十四(丙) 赵城县侯村娲皇庙正殿门钹

图版十四(丁) 赵城县侯村娲皇庙宋经幢座雕刻

林徽因集

图版十五(甲)赵城县广胜寺下寺山门

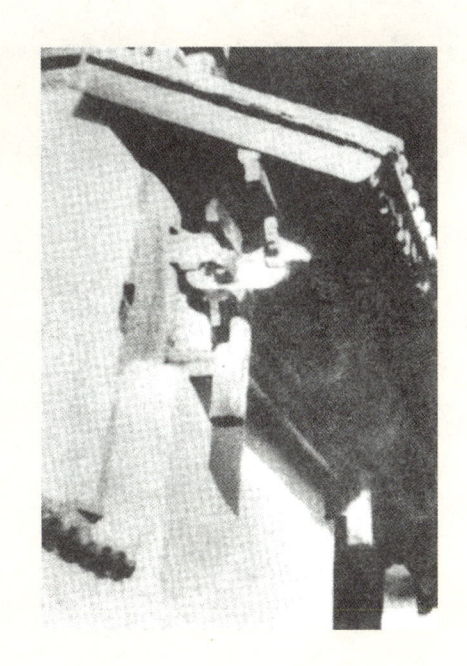

图版十五(乙)广胜寺下寺山门下檐

243　　　建筑　美术

图版十五(丙)赵城县广胜寺下寺前殿前面

图版十五(丁)广胜寺下寺前檐斗拱

图版十六（甲）赵城县广胜寺下寺前殿后面

图版十六（乙）广胜寺下寺前殿梁架（其一）

图版十六(丙)广胜寺下寺前殿梁架(其二)

图版十六(丁)赵城县广胜寺下寺前殿僧像

图版十七（甲）广胜寺下寺正殿外景

图版十七（乙）赵城县广胜寺下寺正殿斗栱

图版十七（丙）广胜寺下寺正殿梁架

图版十七(丁)赵城县广胜寺下寺正殿菩萨

图版十七(戊)赵城县广胜寺下寺朵殿

图版十八（甲）广胜寺上寺飞虹塔

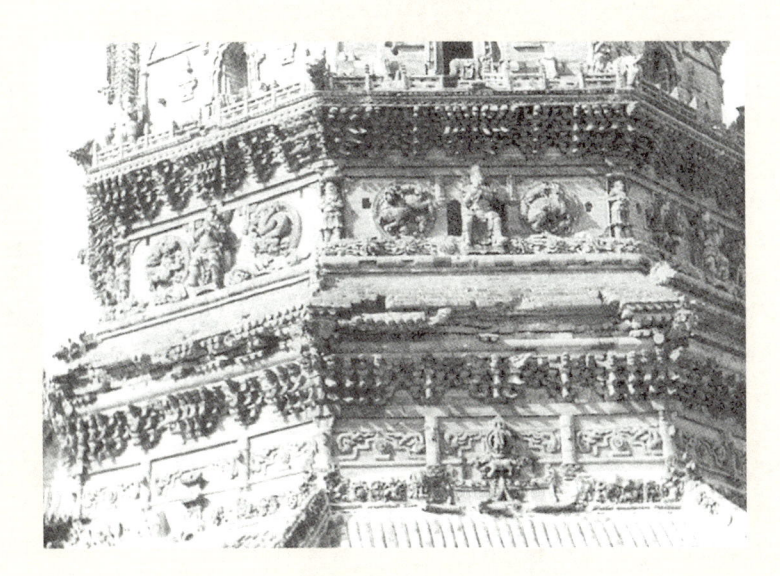

图版十八（乙）广胜寺上寺飞虹塔琉璃雕饰

图版十八（丙）赵城县广胜寺上寺前殿

图版十八（丁）赵城县广胜寺上寺前殿斗栱

图版十八（戊）赵城县广胜寺上寺前殿佛像

图版十九（甲）赵城县广胜寺上寺正殿

图版十九（乙）赵城县广胜寺上寺正殿斗栱

图版十九（丙）赵城县广胜寺上寺正殿菩萨

图版十九（丁）赵城县广胜寺上寺正殿佛像雕饰

图版二十（甲）赵城县广胜寺上寺后殿

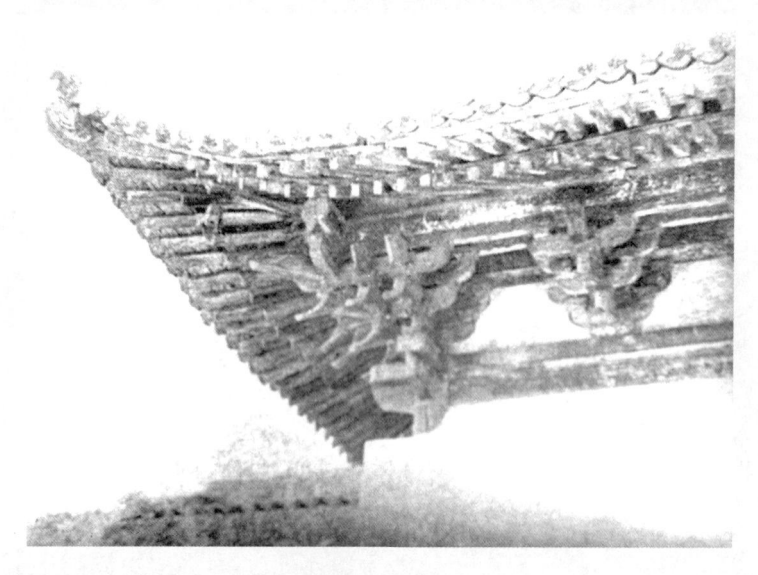

图版二十（乙）赵城县广胜寺上寺后殿斗栱

图版二十（丙）赵城县广胜寺上寺后殿格扇　　图版二十（丁）赵城县广胜寺上寺后殿佛像

图版二十一（甲）广胜寺龙王庙明应王殿

图版二十一（乙）广胜寺龙王庙明应王殿斗栱

图版二十一（丙）赵城县霍山中镇庙斗栱

图版二十二（甲）太原县晋祠圣母庙正殿

图版二十二（乙）太原县晋祠圣母庙正殿斗栱

图版二十二（丙）晋祠圣母庙正殿外槽梁架

图版二十三（甲）晋祠圣母庙献殿

图版二十三（乙）晋祠圣母庙献殿斗栱

图版二十三（丙）晋祠圣母庙献殿梁架及斗栱后尾

图版二十三（丁）晋祠圣母庙献殿前宋铁狮

图版二十四（甲）晋祠圣母庙飞梁柱及斗拱

图版二十四（乙）晋祠宋金人

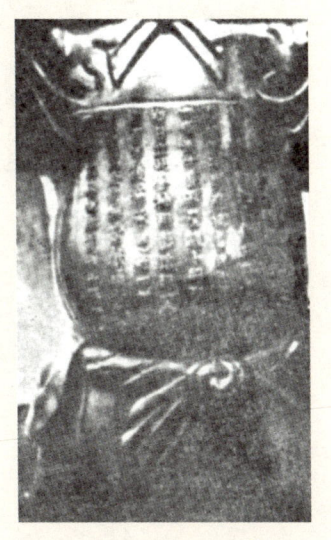

图版二十四（丙）晋祠宋金人铸字

图版二十五（甲）山西村落门楼（图中骑驴者为林徽因）

图版二十五（乙）山西民居土窑（其一） 　　图版二十五（丙）山西民居土窑（其二）

图版二十五(丁)山西民居土窑(其三)(图中门前立者为林徽因)

图版二十五(戊)山西民居庭院(图中左二为林徽因)

图版二十六（甲）山西民居砖窑

图版二十六（乙）山西民居砖窑顶上（图中人物为林徽因）

图版二十六（丙）建筑中之土坯砖窑

图版二十六（丁）霍山某民居门神

图版二十七（甲）峪道河磨坊外景

图版二十七（乙）峪道河磨坊内院（其一，图中人物为林徽因）

图版二十七（丙）峪道河磨坊内院（其二）

图版二十七（丁）山西乡村民居外墙

清代建筑述略

初刊于一九三六年四月《中国建筑展览会会刊》,署名林徽音。原文无分段。

　　吾国近年建筑,采取本国式者日渐加多;而吾人所可参考之现存实物,自以清代者为最多,故所采之本国式亦不期然而趋重于清代式。但清代式较之历代之式,优劣之点安在?暨所适宜于现代者安在?应加改进者安在?吾人若非先有详晰之研究与明白之认识,势必随波逐流,依违钞[抄]袭,甚至舍长取短,得粗遗精:不但不足表现固有之特长,而且成为一种降而愈下之作。其所关固非细故也。

　　清代建筑,就大体而论可谓完全沿袭明代,其间稍殊异者,为康熙以来之吸收欧式及采用回藏式。然并未能达融化之域,且仍为局部的。故清代只能称为明代式之附庸,而远不及宋元式之有特色与匠心,例如房屋之平面,清式概为四合头(指北方)。此式乃明代所创,清代充分完成其用;但只觉呆滞而缺变化。再就屋架结构而论,清式柱之配列,亦极呆板,绝未顾及室内空闲[间]之需要,使柱之配增减,不致与之相妨。至用料一层,不知是否因缺乏相当材料所致,致发生拼凑迁就,(如箍札披麻等做法,)不但减少美观,而且多违建筑原则。又如宋元式梁之横断面,恒为一与二或二与三之比,与现代科学上法则暗合。清代则恒为八与十或十与十二之比，如此则横断面称为方形，徒增加梁之分量，而于全屋架之承重力，绝少增加。此外斗拱［栱］益形缩小，数虽加多而承力愈减，致完全变为装饰物。至屋面各装饰以及雕刻彩画等等大抵趋于繁碎软弱纤巧，失去以前浑雅庄严之致。

故综论清代建筑，实罕堪以取法之点。此非有意苛责，盖事实本来如是，吾人亦不容故为辩解也。吾人今日而欲真明我国建筑之优点，及如何取则，固非由清溯明，上逮宋元，以远追六朝及唐代不可，窃愿同志于此加之意焉！

梁思成在一九五四年一月油印本《中国建筑史》前言中说：" 这部稿子是一部集体劳动的果实。……林徽因同志除了对辽、宋的文献部分负责搜集资料并执笔外，全稿经过她校阅补充。" 这里明确说明《中国建筑史》初稿第六章的宋、辽、金文献部分原为林徽因执笔。《中国建筑史》成书后未能及时出版，随后一九五四年稍有修改，稿本第六章为"宋、辽、金"，油印本和中国建筑工业出版社一九八五年版《梁思成文集》及百花文艺出版社的一九九八年单行本中均依次排为第二至第五节；刊印本"第一节 五代"，原撰写的"第一节 北宋之宫殿苑囿寺观都市"至"第四节 南宋之临安"在刊印本中均依次排为第二至第五节；刊印本"第一节 五代汴梁之建筑"，不是林徽因执笔。

《中国建筑史》第六章　宋、辽、金部分

第二节　北宋之宫殿、苑囿、寺观、都市

宋太祖受周禅，仍以开封为东京，累朝建设于此，故日增月异，极称繁华，洛阳为宋西京，退处屏藩，拱卫京畿，附带繁荣而已。真宗时，虽以太祖旧藩称应天府，建为南京（今河南商丘县），乃即卫城为宫，奉太祖、太宗圣像，终北宋之世，未曾建殿。其正门"犹是双门，未尝改作"＊叶少蕴《石林燕语》。本文注释均为作者原注。仁宗以大名府为北京，则因契丹声言南下，权为军略措置，建都河北，"示将亲征，以伐其谋"＊《通鉴辑览》。；亦非美术或经济之动态，实少所营建。

北宋政治经济文化之力量，集中于东京建设者百数十年。汴京宫室坊市繁复增盛之状，乃最代表北宋建筑发展之趋势。

东京旧为汴州，唐建中节度使重筑，周二十里许，宋初号"里城"。新城为周显德所筑，周四十八里许，号曰"外城"。＊《历代帝王宅京记》引赵德麟《侯鲭录》。宋太祖因其制，仅略广城东北隅，仿洛阳制度修大内宫殿而已。真宗以"都城之外，居民颇多，复置京新城外八厢"＊《宋会要辑稿》。。神宗、徽宗再缮外城，则建敌楼瓮城，又稍增

广，城始周五十里余＊李濂《汴京遗迹志》。

太宗之世，城内已"比汉唐京邑繁庶，十倍其人"＊《续通鉴长篇》至道元年张洎语；继则"甲第星罗，比屋鳞次，坊无广巷，市不通骑"＊《汴京遗迹志》载《皇畿赋》。迄北宋盛世，再接再厉，至于"栋宇密接，略无容隙，纵得价钱，何处买地？"＊《宋会要辑稿》。其建筑之活跃，不言可喻，汴京因其水路交通，成为经济中枢，乃商业之雄邑，而建为国都者；加以政治原因，"乘舆之下，士庶走集"，其繁荣尤急促；官私建置均随环境展拓，非若隋、唐两京皇帝坊市之预布计划，经纬井井者也。其特殊布置，因地理限制及逐渐改善者，后代或模仿以为定制。

汴京有穿城水道四，其上桥梁之盛，为其壮观，河街桥市，景象尤为殊异。大者蔡河，自城西南隅入，至东南隅出，有桥十一。汴河则自东水门外七里，至西水门外，共有桥十三。小者五丈河，自城东北入，有桥五，金水河从西北水门入城，夹墙遮樾入大内，灌后苑池浦，共有桥三。＊孟元老《东京梦华录》。

桥最著者，为汴河上之州桥，正名"大汉桥"，正对大内御街，即范成大所谓"州桥南北是大街"者也。桥低平，不通舟船，惟西河平船可过，其下密排石柱，皆青石为之；又有石梁、石笋、楯栏。近桥两岸皆石壁，镌刻海马、水兽、飞云之状。"州桥之北，御路东西，两阙楼观对耸。"＊孟元老《东京梦华录》。金元两都之周桥，盖有意仿此，为宫前制度之一。桥以结构巧异称者，为东水门外之虹桥，"无柱，以巨木虚架，饰以丹雘，宛如飞虹"＊孟元老《东京梦华录》。

大内本唐节度使治所，梁建都以为建昌宫，晋号大宁宫，周加营缮，皆未增大，"如王者之制"。太祖始"广皇城东北隅，……命有司画洛阳宫殿，按图修之……，皇居始壮丽"*《宋会要辑稿》*。

"宫城周五里"*《宋史·地理志》*。南三门，正门名凡数易，至仁宗明道后，始称宣德*《玉海》卷一七〇*。两侧称左掖、右掖。宫城东西之门，称"东华、西华"，北门曰"拱宸"。东华门北更有便门，"西与内直门相直"，成曲屈形。称谇门*叶少蕴《石林燕语》*。此门之设及其位置，与太祖所广皇城之东北隅，或大略有关。

宣德门又称宣德楼，"下列五门，皆金钉朱漆。壁皆砖石间甃，镌镂龙凤飞云之状。……莫非雕甍画栋，峻桷层榱。覆以琉璃瓦，曲尺朵楼，朱栏彩槛。下列两阙亭相对"。自宣德门南去，"坊巷御街……约阔三百余步。两边乃御廊，旧许市人买卖其间。自政和间，官司禁止，各安立黑漆杈子，路心又安朱漆杈子两行，中心道不得人马行往。行人皆在朱杈子外。杈子内有砖石甃砌御沟水两道，尽植莲荷。近岸植桃李梨杏杂花；春夏之日，望之如绣"*孟元老《东京梦华录》*。宣德楼建筑极壮丽，宫前布置又改缮至此，无怪金、元效法作"千步廊"之制矣。

大内正殿之大致，据史志概括所述，则"正南门（大庆门）内，正殿曰"大庆"，正衙曰"文德"。……大庆殿北有紫宸殿，视朝之前殿也。西有垂拱殿，常日视朝之所也。……次西有皇仪殿，又次西有集英殿，宴殿也。殿后有需云殿，东有升平楼，宫中观宴之所也。后宫有崇政殿，阅事之所也。殿后有景福殿，西有殿北向曰"延和"，便坐殿也。凡殿有门者皆随殿名"*《宋史·地理志》*。

大庆殿本为梁之正衙，称崇元殿，在周为外朝，至宋太祖重修，改为乾元殿，后五十年间曾两被火灾，重建易名"大庆"。至仁宗景祐中（公元一〇三四年），始又展拓为广庭。"改为大庆殿九间，挟各五间,东西廊各六十间,有龙墀、沙墀,正值朝会册尊号御此殿。……郊祀斋宿殿之后阁……"*《玉海》卷一六〇。又十余年,皇祐中"飨明堂,恭谢天地,即此殿行礼","仁宗御篆'明堂'二字行礼则揭之"。*叶少蕴《石林燕语》。

秦、汉至唐叙述大殿之略者,多举其台基之高峻为其规模之要点;独宋之史志及记述无一语及于大殿之台基,仅称大庆殿有龙墀、沙墀之制。

"文德殿在大庆殿之西少次"*叶少蕴《石林燕语》,亦五代旧有,后唐曰"端明",在周为中朝,宋初改"文明"。灾后重建,改名"文德"*《玉海》卷一六〇。"紫宸殿在大庆殿之后,少西其次又为'垂拱'……紫宸与垂拱之间有柱廊相通,每日视朝则御文德,所谓过殿也。东西阁门皆在殿后之两旁,月朔不御过殿,则御紫宸,所谓入阁也。"*叶少蕴《石林燕语》。文德殿之位置实堪注意,盖据各种记载文德、紫宸、垂拱三殿成东西约略横列之一组,文德既为"过殿",居其中轴,反不处于大庆殿之正中线上,而在其西北偏也*《玉海》卷一六〇。宋殿之区布情况,即此四大殿论之,似已非绝对均称或设立一主要南北中心线者。

初,太祖营治宫殿"既成,帝坐万岁殿(福宁殿在垂拱后,国初曰'万岁')"*《玉海》卷一六〇。"洞开诸门,端直如绳,叹曰'此如吾心,小有私曲人皆见之矣'"*《邵氏闻见录》。对于中线引直似极感兴味。又"命怀义等凡诸门与殿顶相望,无得辄差。故垂拱、福宁、柔仪、清居四殿正重,而左右掖与左右升龙、银台等诸门皆然"*叶少蕴《石林燕语》。福宁为帝之正寝,柔仪为其后殿,乃后寝,故垂拱之南北中心线,颇为重要。大庆殿之前为大庆门,其后为紫宸殿,再后，越东华惟西华横街之北，则有崇政殿，再后更有景福殿，实亦有南北中线之成立，惟各大殿东西部位零落，相距颇远，多与日后发展之便。如皇仪在垂拱之西，集英宴殿自成一组，又在皇仪之西，似皆非有密切关系者，故福宁之两侧后又建置太后宫，如庆寿宝慈，而无困难*《玉海》卷一五八。。而柔仪之西，日后又有睿思殿等。
*《玉海》卷一六〇。

崇政初为太祖之简贤讲武，"有柱廊，次北为景福殿，临放生池"，规模甚壮。太宗、真宗、仁宗及神宗之世，均试进士于此，后增置东西两阁，时设讲读，诸帝日常"观阵图，或对藩夷，及宴近臣，赐花作乐于此"，盖为宫后宏壮而又实用之常御正殿，非惟"阅事之所"而已。*《玉海》卷一六〇。

宋宫城以内称宫者，初有庆圣及延福，均在后苑，为真宗奉道教所置。广圣宫供奉道家神像，后示奉真宗神御，内有五殿，一阁曰"降真"，延福宫内有三殿，其中灵顾殿，亦为奉真宗圣容之所。真宗咸平中，"宰臣等言：汉制帝母所居称宫，如长乐、积庆……等，请命有司为皇太后李建宫立名。……诏以滋福殿（即皇仪）为万安宫"。*《玉海》卷一五八。母后之宫自此始，英宗以曹太后所居为慈寿宫，至神宗时曹为太皇太后，故改名"庆寿"（在福宁殿东）；又为高太后建宝慈宫（在福宁西）等皆是也。母后所居既尊为"宫"，内立两殿，或三殿，与宋以前所谓"宫"者规模大异。此外又有太子所居，至即帝位时改名称"宫"，如英宗之庆宁宫，神宗之睿成宫皆是*《玉海》卷一五八。。

初，宋内廷藏书之所最壮丽者为太宗所置崇文院三馆，及其中秘阁，收藏天下图籍*《玉海》卷一六三。，"栋宇之制皆帝亲授"，后苑又有太清楼，尤在崇政殿西北，楼"与延春、仪凤、翔鸾诸阁相接，贮四库书"。真宗常"曲宴后苑临水阁垂钓，又登太清楼，观太宗圣制御书，及亲为四库群书，宴太清楼下"*《玉海》卷一六四。，作诗赐射赏花钓鱼等均在此。及祥符中，真宗"以龙图阁奉太宗御制文集及典籍，图画，宝瑞之物，并置待制学士官，自是每帝置一阁"*李濂《汴京遗迹志》。。天章宝文两阁（在龙图后集英殿西）*李濂《汴京遗迹志》。为真、仁两帝时所自命以藏御集，神宗之显谟阁、哲宗之徽猷阁，皆后追建，惟太祖英宗无集不为阁*叶少蕴《石林燕语》。。徽宗御笔则藏敷文阁，是所谓宋"文阁"者也*李濂《汴京遗迹志》。。每阁东、西序皆有殿，龙图阁四序曰资政、崇和、宣德、述古*《玉海》卷一五八。，天章阁两序曰群玉蕊珠；宝文阁两序曰嘉德、延康*《玉海》卷一六三。。内庭风雅，以此为最，有宋珍视图书翰墨之风，历朝不改，至徽宗世乃臻极盛。宋代精神实多无形寓此类建筑之上。

后苑禁中诸殿，龙图等阁，及太后各宫，无在崇政殿之东者。惟太子读书之资善堂在元符观，居宫之东北隅，盖宫东部为百司供应之所，如六尚局，御厨殿等及禁卫、辇官亲从等所在*孟元老《东京梦华录》。。东华门及宫城供应入口；其外"市井最盛，盖禁中买卖所在"*孟元老《东京梦华录》。。

所谓外诸司，供应一切燃料、食料、器具、车驾及百物之司，虽散处宫城外，亦仍在旧城外城之东部。盖此以五丈河入城及汴、蔡两河出城处两岸为依据。粮仓均沿河而设，由东水门外虹桥至陈州门里，及在五丈河上者，可五十余处*孟元老《东京梦华录》。。东京宫城以内布置，乃不免受汴梁全城交通趋势之影响。后苑部署偏于宫之西北者，亦缘于"金水河由西北水门入大内，灌其池浦"，地理上之便利也。*孟元老《东京梦华录》。

考宋诸帝土木之功，国初太祖朝（公元九六〇年至九七六年）建设未尝求奢，而多豪壮，或因周庙之制，宋初视为当然，故每有建置，动辄数百间。如太祖诏"于右掖门街临汴水起大第五百间"*《宋朝事实》卷二〇。，以赐蜀主孟昶；又于"朱雀门外建大第甲于辇下，名礼贤宅，以待钱俶"*《玉海》卷七五。及"开宝寺重起缭廊，朵殿凡二百八十区"*李濂《汴京遗迹志》。，皆为豪举壮观。及太宗世（公元九七六～九九七年），规模愈大。以其降生地建启圣院，"六年而功毕，殿宇凡九百余间，皆以琉璃瓦覆之"*《玉海》卷六八。又建上清太平宫："宫成，总千二百四十二区"*《玉海》卷一〇〇。，实启北宋崇奉道教侈置宫殿之端。其他如崇文院、三馆、秘阁之建筑，"轮奂壮丽，冠乎内庭，近世鲜比"*《玉海》卷六八。"端栱中，开宝寺造塔八角十三层，高三百六十尺。"塔成，"田锡上疏曰：众谓金碧荧煌，臣以为涂膏衅血，帝亦不怒"。*李濂《汴京遗迹志》。画家郭忠恕、巧匠喻浩，皆当时建筑人材，超绝流辈者也*僧文莹《玉壶清话》。。

真宗朝（公元九九七年至一〇二二年）愈崇道教，趋祥异之说，盛礼缛仪，费金最多。作玉清昭应宫"凡二千六百一十楹，以丁谓为修宫使，调诸州工匠为之，七年而成"。不仅工程浩大，乃尤重巧丽制作。所用木石彩色颜料均四方精选*《宋朝事实》卷七。。殿宇外有山池亭阁之设，环殿及廊庑皆遍绘壁画。艺术之精，冠于北宋历朝宫观。殿上梁曰："上皆亲临护，……工人以文缯裹梁，金饰木，寓龙负之辂以升。……修宫使以下及营缮掌事者，咸赐以衣带金帛"。*《宋朝事实》卷七。此宫兴作之严重，实为特殊，此后真宗其他建置莫能及。但南熏门外奉五岳之会灵观，及大内南，奉圣祖之景灵宫（宫之南壁绘赵氏事迹二十八事）则皆制度华美，均以丁谓董其事。京师以外，宫观亦多宏大，且诏天下州府，皆建道观一所，即以天庆为名。*李濂《汴京遗迹志》。

仁宗之世（公元一〇二三年至一〇六三年），夏始自大，屡年构兵，国用枯竭，土木之事仍不稍衰，但多务重修。明道元年（公元一〇三二年），修文德殿成，宫中又大火，延烧八殿，皆大内主要，如紫宸、垂拱、福宁、集英、延和等殿。"乃命宰相吕夷简为修葺大内使，发四路工匠给役，又出内库乘舆物及缗钱二十万助其费。"*《宋史·地理志》。先此两年（天圣七年），玉清昭应宫因雷雨灾，时帝幼，太后垂帘泣告辅臣，众恐有再葺意，力言"先朝以此竭天下之力，遽为灰烬，非出人意；如因其所存，又复修葺，则民不堪命。……"*李濂《汴京遗迹志》。于是宫不复修，仅葺两殿。二十五年后（至和中），始又增缮两殿，改名万寿观。仁宗末季，多修葺增建，现存之开封琉璃塔，即其中之一。名臣迭上疏乞罢修寺观*李濂《汴京遗迹志》。欧阳修上疏《上仁宗论京师土木劳费》中云："开先殿初因两条柱损，今所用材植物料共一万七千五有零。又有睦亲宅、神御殿，……醴泉观……等处物料不可悉数，……军营库务合行修造者百余处。……使厚地不生它物，惟产木材，亦不能供此广费。"又云："累年火灾，自玉清、照应、洞真、上清、鸿庆、祥源、会灵七宫，开宝、兴国两寺塔殿，并皆焚烧荡尽，足见天厌土木之华侈，为陛下惜国力民财……"*李濂《汴京遗迹志》。终仁宗朝，四十年间，焚毁旧建，与重修劳费，适成国家双重之痛也。

英宗在位仅四年（公元一〇六四年至一〇六七年），土木之事已于司马光《乞停寝京城不急修造》之疏中见其端倪*李濂《汴京遗迹志》。盖是时宫室之修造,非为帝王一己之意,臣下有司固不时以土木之宏丽取悦上心。人君之侧,实多如温公所言,"外以希旨求知,内以营私规利"之人也。

神宗(公元一〇六七年至一〇八五年)行新政,富改革精神以强国富民为目的,故"宫室弗营,池籞苟完,而府寺是崇"*《汴京遗迹志》载曾肇《重修御史记》。所作盖多衙署之建置:如东西两府*《汴京遗迹志》载陈绎《新修东府西府记》。、御史台*《汴京遗迹志》载曾肇《重修御史记》。、太学等*《宋朝燕翼诒谋录》。皆是也。元丰中,缮葺城垣,浚治壕堑,亦皆市政之事*《历代帝王宅京记》引宋敏求《东京记》。又因各帝御容散寓宫中,及宫外诸寺观,未合礼制,故创各帝原庙之制。建六殿于景宁宫内,以奉祖宗像,又别为三殿以奉母后*李心传《朝野杂记》,《汴京遗迹志》引。熙宁中,从司天监之奏,请建中太一宫,但仅就五岳观旧址为之*《宋会要辑稿》。遵故事"太一"行五宫,四十五年一易,"行度所至,国民受其福"*《汴京遗迹志》引龚明之《中吴纪闻》。实不得不从民意。太宗建东太一宫四十五年,至仁宗天圣建西太一宫,至是又四十五年也*《宋会要辑稿》。

哲宗(公元一〇八六年至一一〇〇年)制作多承神宗之训,完成御史台其一也。又于禁中神宗睿思殿后建宣和殿。末年则建景宁西宫于驰道西*《玉海》卷一〇〇。亦如神宗所创原庙制度,及崩,徽宗即位续成之。宫期年完工,以神宗原庙为首,哲宗次之*李心传《朝野杂记》,《汴京遗迹志》引。哲宗即位之初,宣仁太后垂帘,时上清太平宫已久毁于火,后重建,称上清储祥宫,以内庭物及金六千两成之*《汴京遗迹志》引苏轼《上清储祥宫碑》。苏轼承旨撰碑。碑云"雄丽靓深,凡七百余间",宫之规模虽不如太宗时,当尚可观。

迨徽宗立(公元一一〇一年至一一二五年),以天纵艺资,入绍大统，其好奢丽之习，出自天性。且奸邪盈朝，掊剥横赋，倡丰亨豫大之说*《通鉴辑览》。，故尤侈为营建。崇宁大观以还，大内朝寝均丽若琼瑶，宫苑殿阁又增于昔矣。其著者如"政和三年辟延福新宫于大内之北拱宸门外；悉移其地供应诸库，及两僧寺、两军营，而作焉"*《宋史·地理志》。宫共五位，分任五人，各为制度，不务沿袭。其殿阁亭台园苑之制，已为艮岳前驱，"叠石为山，凿池为海，作石梁以升山亭，筑土冈以植杏林，又为茅亭鹤庄之属"*《宋史·地理志》。，以仿天然。此后作撷芳园，"称延福第六位，跨城之外，西自天波门，东过景龙门，至封邱门"，实沿金水河横贯旧城北面之全部。"名景龙江，绝岸至龙德宫，皆奇花珍木，殿宇比比对峙"*《宋史·地理志》。又作上清宝箓宫，"密连禁署，内列亭台馆舍，不可胜计。……开景龙门，城上作复道通宫内，……徽宗数从复道往来"*《宋史·地理志》。其他如作神霄玉清万寿宫于禁中，又铸九鼎，置九成宫于五岳观后。政和以后，年年营建，皆工程浩大，缀饰繁缛之作。及造艮岳万寿山，驱役万夫，大兴土木；五六年间，穷索珍奇，纲运花石；尽天下之巧工绝技，以营假山、池沼*《汴京遗迹志》僧祖秀《华阳宫记》。，至于山周十余里，峰高九十步；怪石嶒崖，洞峡溪涧，巧夺造化；而亭台馆阁，日增月益，不可殚记*《汴京遗迹志》徽宗御制《艮岳记略》。其部署缔构颇越乎常轨，非建筑壮健之姿态，实失艺术真旨。时金已亡辽，宋人纳岁币于金，引狼入室，宫庭犹营建不已，后世目艮岳为亡国之孽，固非无因也。

宋初宫苑已非秦汉游猎时代林囿之规模，即与盛唐离宫园馆相较亦大不相同。北宋百余年间，御苑作风渐趋绮丽纤巧。尤以徽宗宣政以后所辟诸苑为甚。玉津园，太祖之世习射、观稼而已。乾德初，置琼林苑，太宗凿金明池于苑北＊《玉海》卷一七二。，于是各朝每岁驾幸观楼船水嬉，赐群臣宴射于此。后苑池名象瀛山，殿阁临水，云屋连簃，诸帝常观御书，流杯泛觞游宴于玉宸等殿＊《玉海》卷一七一。。"太宗雍熙三年，后常以暮春召近臣赏花、钓鱼于苑中"＊《宋朝事实》卷十二。，"命群臣赋诗赏花曲宴自此始。"＊《通鉴辑览》。

金明池布置情状，政和以后所纪，当经徽宗增置展拓而成。"池在顺天门街北，周围约九里三十步，池东西径七里许。入池门内南岸西去百余步，有西北临水殿。……又西去数百步乃仙桥，南北约数百步；桥面三虹，朱漆栏楯，下排雁柱，中央隆起，谓之'骆驼虹'，若飞虹之状。桥尽处五殿正在池之中心，四岸石甃向背大殿，中坐各设御幄。……殿上下回廊。……桥之南立棂星门，门里对立彩楼。……门相对街南有砖石甃砌高台，上有楼，观骑射百戏于此……"＊孟元老《东京梦华录》。规制之绮丽、窈窕与宋画中楼阁廊庑最为逼肖。

徽宗之延福、撷芳及艮岳万寿山布置又大异，朱勔，蔡攸辈穷搜太湖灵壁等地花石以实之，"宣和五年，朱勔于太湖取石，高广数丈，载以大舟，挽以千夫，凿河断桥，毁堰坼闸，数月乃至"＊李濂《汴京遗迹志》。。盖所着重者及峰峦崖壑之缔构；珍禽奇石，环花异木之积累；以人工造天然山水之奇巧，然后以楼阁点缀其间。＊《汴京遗迹志》僧祖秀《华阳宫记》及《汴京遗迹志》徽宗御制《艮岳记略》。作风又不同于琼林苑金明池等矣。叠山之风，至南宋乃盛行于江南私园，迄元、明、清不稍衰。

真仁以后，殖货致富者愈众，巨量交易出入京师，官方管理之设备及民间商业之建筑，皆因之侈大。公卿商贾拥有资产者之园圃第宅，皆争尚靡丽，京师每岁所需木材之夥，使官民由各路市木不已，且有以此居积取利者 *《宋会要辑稿·食货》。营造之盛实普遍民间。

市街店楼之各种建筑，因汴京之富，乃登峰造极。商业区如"潘楼街……南通一巷，谓之界身，并是金银彩帛交易之所；屋宇雄壮，门面广阔，望之森然" *孟元老《东京梦华录》。娱乐场如所谓"瓦子"，"其中大小勾栏五十余座，……中瓦莲花棚牡丹棚；里瓦夜叉棚、象棚；最大者可容数千人" *孟元老《东京梦华录》。酒店则"凡京师酒店门首皆缚彩楼欢门。……入门一直主廊，约百余步，南北天井，两廊皆小阁子，向晚灯烛荧煌，上下相映。……白矾楼后改丰乐楼，宣和间更修三层相高，五楼相向，各有飞桥栏槛，明暗相通" *孟元老《东京梦华录》。其它店面如"马行街南北十几里，夹道药肆，盖多国医，咸巨富。……上元夜烧灯，尤壮观" *蔡绦《铁围山丛谈》卷四。

住宅则仁宗景祐中已是："士民之族，罔遵矩度，争尚纷华。……室屋宏丽，交穷土木之工" *《宋朝事实》卷一三。"宗戚贵臣之家，第宅园圃，服饰器用，往往穷天下之珍怪……以豪华相尚，以俭陋相訾" *《温国文正公集·论财利疏》。

市政上特种设备，如"望火楼……于高处砖砌，……楼上有人卓望，下有官屋数间，屯驻军兵百余人，及储藏救火用具。每坊巷三百步设有军巡铺屋一所，容铺兵五人"。新城战棚皆"旦暮修整"。"城里牙道各植榆柳，每二百步置一防城库，贮守御之器，有广固兵士二十指挥，每日修造泥饰。" *孟元老《东京梦华录》。

工艺所在，则有绫锦院、筑院、裁造院、官窑等等之产生。工商影响所及，虽远至蜀中锦官城，如神宗元丰六年，亦"作锦院于府治之东。……创楼于前,以为积藏待发之所。……织室吏舍出纳之府,为屋百一十七间,而后足居" *费著《蜀锦谱》。

有宋一代,宫廷多崇奉道教,故宫观景盛,对佛寺惟禀续唐风,仍其既成势力,不时修建。汴京梵刹多唐之旧,及宋增修改名者。太祖开宝三年,改唐封禅寺为开宝寺,"重起缭廊、朵殿凡二百八十区。太宗端拱中建塔,极其伟丽" *李濂《汴京遗迹志》。塔八角十三层,乃木工喻浩所作,后真宗赐名"灵感",至仁宗庆历四年塔毁 *李濂《汴京遗迹志》。乃于其东,上方院建铁色琉璃砖塔,亦为八角十三层,俗称"铁塔",至今犹存,为开封古迹之一 *杨廷宝《汴郑古建筑游览纪录》,见《中国营造学社汇刊》第六卷第三期。又如开宝二年诏重建唐龙兴寺,太宗赐额太平兴国寺 *《宋会要辑稿》。天清寺则周世宗创建于陈州门里繁台之上,塔曰"兴慈塔",俗名"繁塔",太宗重建。明初重建,削塔之顶,仅留三级 *杨廷宝《汴郑古建筑游览纪录》,见《中国营造学社汇刊》第六卷第三期。,今日俗称婆塔者是。宝相寺亦五代创建,内有弥勒大像,五百罗汉塑像,元末始为兵毁 *李濂《汴京遗迹志》。

规模最宏者为相国寺,寺建于北齐天保中,唐睿宗景云二年(公元七一一年)改为相国寺;玄宗天宝四年(公元七四五年)建资圣阁;宋至道二年(公元九九六年)敕建三门,制楼其上,赐额大相国寺。曹翰曾夺庐山东林寺五百罗汉北归,诏置寺中 *叶梦得《石林诗话》。当时寺"乃瓦市也,僧房散处,而中庭两庑可容万余人,凡商旅交易皆萃其中。四方趋京师以货物求售转售他物者,必由于此" *《宋朝燕翼诒谋录》。实为东京最大之商场 *孟元老《东京梦华录》。寺内"有两琉璃塔,……东西塔院。大殿两廊皆国相名公笔迹,左壁画炽盛光佛降九曜鬼百戏。右壁佛降鬼子母,建立殿庭,供献乐部马队之类。大殿朵廊皆壁隐，楼殿人物莫非精妙"*孟元老《东京梦华录》。

京外名刹当首推正定府龙[隆]兴寺。寺隋开皇创建，初为龙藏寺，宋开宝四年，于原有讲殿之后建大悲阁，内铸铜观音像，高与阁等。宋太祖曾幸之，像至今屹立，阁已残破不堪修葺，其周围廊庑塑壁，虽仅余鳞爪，尚有可观者。寺中宋构如摩尼殿、慈氏阁、转轮藏等，亦幸存至今。*梁思成《正定调查纪略》，发于《中国营造学社汇刊》第四卷第二期。

北宋道观，始于太祖，改周之太清观为建隆观，亦诏以扬州行宫为建隆观。太宗建上清太平宫，规模始大。真宗尤溺于符谶之说，营建最多，尤侈丽无比。大中祥符元年，即建隆观增建为玉清昭应宫，凡役工日三四万。*《宋朝事实》卷七。"初议营宫料工须十五年，修宫使丁谓令以夜续昼，每画一壁给二烛，故七年而成。……制度宏丽，屋宇稍不中程式，虽金碧已具，刘承珪必令毁而更造"。*《宋史纪事本末》。又诏天下遍置天庆观，迄于徽宗，惑于道士林灵素等，作上清宝箓宫。亦诏"天下洞天福地，修建宫观，塑造圣像"*《通鉴辑览》。宣和元年，竟诏天下更寺院为宫观，次年始复寺院额。*《通鉴辑览》。

洛阳宋为西京，山陵在焉。"开宝初，遣王仁珪等修洛阳宫室，太祖至洛，睹其壮丽，王等并进秩。……太祖生于洛阳，乐其土风，常有迁都之意"*《玉海》卷一五八。臣下谏而未果。宫城周九里有奇，城南三门，中曰五凤楼，伟丽之建筑也。东、西、北各有一门。曰"苍龙"，曰"金虎"，曰"拱宸"。正殿曰太极殿，前有左右龙尾道及日楼月楼*《玉海》卷一五八。"宫室合九千九百九十余区"*《宋史·地理志》，规模可称宏壮。皇城周十八里有奇，各门与宫城东西诸门相直，内则诸司处之。*《宋史·地理志》。京城周五十二里余，尤大于汴京。神宗曾诏修西京大内。*《玉海》卷一五八。徽宗政和元年至六年间之重修,预为谒陵西幸之备,规模尤大。"以真漆为饰,工役甚大,为费不赀。"*《宋史·地理志》。至于洛阳园林之盛,几与汴京相伯仲。重臣致仕,往往径第西洛。自富郑公至吕文穆等十九园 *李格非《洛阳名园记》。其馆榭池台配造之巧,亦可见当时洛阳经营之劳,与财力之盛也。

徽宗崇宁二年(公元一一〇三年),李诫作营造法式,其中所定建筑规制,较与宋、辽早期手法,已迥然不同。盖宋初禀承唐末五代作风,结构犹硕健质朴。太宗太平兴国(公元九七六年)以后,至徽宗即位之初(公元一一〇一年),百余年间,营建旺盛,木造规制已迅速变更;崇宁所定,多去前之硕大,易以纤靡,其趋势乃刻意修饰而不重魁伟矣。徽宗末季,政和迄宣和间,锐意制作,所本风格,尤尚绮丽,正为实施营造法式之时期,现存山西榆次大中祥符元年(公元一〇〇八年)之永寿寺雨华宫,与太原天圣间(公元一〇二三年至一〇三一年)之晋祠等,结构秀整犹带雄劲,骨干虽已无唐制之硕建庞大,细部犹未有崇宁法式之繁琐纤弱,可称其为北宋中坚之典型风格也。

第三节　辽之都市及宫殿

契丹之初为东北部落,游牧射生,以给日用,故"草居野处,靡有定所" *《辽史·营卫志》。至辽太祖耶律阿保机并东、西奚,统一本族八部,国势始张。其汉化创业之始,用幽州人韩延徽等,"营都邑，建宫殿，法度井井"*《辽史·韩延徽传》。，中原所为者悉备。迨援立石晋，太宗耶律德光得晋所献燕云十六州，改元会同（公元九三七年），建号称辽，诏以皇都临潢府（今热河林西县）为上京，升幽州为南京，定辽阳为东京。辽势力从此侵入云、朔、幽、蓟（今山西、河北北部），危患北宋百数十年。圣宗统和二十五年（公元一〇〇七年）即宋真宗大中祥符之初，以大定府为中京（今热河朝阳平泉、赤峰等县地），又三十余年至兴宗重熙十三年（公元一〇四四年），更以大同府为西京，于是五京备焉。

辽东为汉旧郡，渤人居之，奚与渤海皆深受唐风之熏染。契丹部落之崛起与五代为同时，耶律氏实宗唐末边疆之文化，同化于汉族，进而承袭中原北首州县文物制度之雄者也。契丹本富于盐铁之利，其初有"回国使"*《通鉴·后晋记》。往来贩易，鬻其牛羊、橐、氇、驰马、皮革、金珠、药材等以市他国货物，其后辽更与北宋、西夏、高丽、女真诸国沿边所在，共置榷场市易，商业甚形发达，都市因此繁盛*王家琦《辽赋税考》，见《东北集刊》第一期。。其都市街隅，"有楼对峙，下连市肆"。其中"邑屋市肆有绫锦之作，宦者、伎术、教坊、角抵、儒僧、尼、道皆中国人，并汾、幽、蓟为多"*《历代帝王宅京记》引胡峤记。。辽世重佛教，营僧寺，刊经藏，不遗余力，尝"择良工于燕蓟"。凡宫殿佛寺主要建筑，实均与北宋相同。盖两者均上承唐制，继五代之余，下启金、元之中国传统木构也。

太祖于神册三年（公元九一六年）治城临潢，名曰皇都；二十一年后，至太宗，改称上京*《历代帝王宅京记》。。太祖建元神册之前，所居之地曾称"西楼"。"阿保机以其所为上京，起楼其间，号'西楼'，又于其东……起东楼，北……起北楼，南木叶山起南楼，往来射猎四楼之间。"*《五代史·四夷附录》。盖阿保机自立之始，创建明王楼。初未筑成，其都亦未有名称。如"以所获僧……五十人归西楼，建天雄寺以居之"。"其党神速姑复劫西楼，焚明王楼"，"壬戌上发自西楼"*《辽史·太祖本纪》。等。"契丹好鬼，贵日，朔旦东向而拜日，其大会聚视国事，皆以东向为尊，四楼门屋皆东向。"*《五代史·四夷附录》。岂西楼时期，契丹营建乃保有汉、魏、盛唐建楼之古风；而又保留其部族东向为尊之特征欤？

辽建"殿"之事，始于太祖八年冬，建开皇殿于明王楼基，早于城皇都约四年，其方向如何，今无考。"天显元年，平渤海归，乃展郛郭，建宫室，名之以'天赞'。起三大殿曰：开皇、安德、五銮。中有历代帝王御容，"*《历代帝王宅京记》。制度似略改。迨晋遣使上尊号，太宗"诏番部，并依汉制御开皇殿，辟承天门受礼，改皇都为上京"*《辽史·地理志》。以后开皇五銮及宣政殿皆数见于太宗纪。

上京"城高二丈，……幅员二十七里。……其北谓之皇城，……中有大内。……大内南门曰'承天'；有楼阁，……东华、西华。……通内出入之所"*《辽史·地理志》。城正南街两侧为各司、衙、寺、观、国子监、孔子庙及二仓。天雄寺与八作司相对，均在大内南。"南城谓之汉城；南当横街，各有楼对峙，下列井肆。"*《辽史·地理志》。市容整备，其形制已无所异于汉族。然至圣宗开泰五年，距此时已八十年，宋人记云："承天门内有昭德宣政二殿，与毡庐皆东向。"*《历代帝王宅京记》。然则辽上京制度，殆始终留有其部族特殊尊东向之风俗。

辽阳之大部建设为辽以前渤海大氏所遗，而大氏又本唐之旧郡，"拟建宫阙"。辽初以为东丹王国，葺其城，后升为南京，又改东京。"幅员三十里，共八门，……宫城在城东北隅……南为三门，壮以楼观。四隅有角楼，相去各二里。宫壤北有让国皇帝御容殿，大内建二殿。……外城谓之汉城，分南北市，中为看楼，……街西有金德寺、大悲寺。驸马寺铁幡竿在焉"。*《辽史·地理志》。

辽南京古冀州地，唐属幽州范阳郡；唐末刘仁恭尝据以僭帝号。石晋时地入于辽。太宗立为南京，又曰燕京，是为北京奠都之始。城有八门，其四至广阔，虽屡经史家考证，仍久惑后人。地理志称"方三十六里"，其他或称二十五里及二十七里者。或言三十六里"乃并大内计度"者，其说不一。但燕城令人注意者，乃其基址与今日北京城阙之关系。其址盖在今北京宣武门迤西，越右安、广宁门郊外之地。*奉宽《燕京故城考》，见《燕京学报》第五期。金之中都承其旧城而展拓之，非元、明、清建都之北京城也。今其址之北面有旧土城及会城门村等可考。其东南隅有古之悯忠寺（今之法源寺）可考*奉宽《燕京故城考》，见《燕京学报》第五期。而今郊外之"鹅房营，有土城角，作曲尺式，幸存未铲；有豁口俗呼'凤凰嘴'，当因辽城丹凤门得名"*奉宽《燕京故城考》，见《燕京学报》第五期。乃燕城之西南隅也。今日北京南城著名之海王村琉璃厂等皆在燕城东壁之外。

辽太宗升幽州为南京，初无迁都之举，故不经意于营建，即以幽州子城为大内，位于大城之西南隅；宫殿门楼一仍其旧，幽州经安、史之徒，暨刘仁恭父子割据僭号，已有所设施，如拱宸门、元和殿等，太宗入时均已有之。*关承琳《西郊乡土纪》。太宗但于西城巅诏建一"凉殿"，特书于本纪，岂仍循其"西楼"遗意者耶？

南京初虽仍幽州之旧，未事张皇改建，但至"景宗保宁五年，春正月，御五凤楼观灯"，及"圣宗开泰驻跸，宴于内果园"*《日下旧闻考》。之时，当已有若干增置，"六街灯火如昼，士庶嬉游，上亦微行观之"*《日下旧闻考》，其时市坊繁盛之概，约略可见。及兴宗重熙五年（公元一〇三六年）始诏修南京宫阙府署，辽宫廷土木之功虽不侈，固亦慎重其事，佛寺浮图则多雄伟。迨金世宗二十八年（公元一一八八年）距此时已百五十余年，而金主尚谓其宰臣曰："宫殿制度苟务华饰，必不坚固。今仁政殿，辽时所建，全无华饰，但其他处岁岁修完，惟此殿如旧。以此见虚华无实者不能经久也。"*《金史·世宗本纪》。辽代建筑类北宋初期形制，以雄朴为主，结构完固，不尚华饰，证之文献实物，均可征信。今日山西大同应县所幸存之重熙、清宁等辽建，实为海内遗物之尤足珍贵者也。

第四节　金之都市宫殿佛寺

金之先，出靺鞨，古之肃慎也。唐初，其黑水一部曾附高丽，其后渤海强盛，契丹又取渤海地，乃附属于契丹。其在南者号"熟女真"，在北者不在契丹族，号"生女真"。金太祖之先，已统一部落，修弓矢，备器械，日臻强盛，不受辽籍。*《金史·太祖本纪》。至太祖败辽兵，招渤海，乃建号称"大金"。收国元年（公元一一一五年），更节节进攻。数年之间，尽得辽旧地，进逼宋境。

金建会宁府为上京，"初无城郭，星散而居，呼曰'皇帝寨''国相寨''太子寨'"*《历代帝王宅京记》，当尚为部落帐幕时期。及"升皇帝寨为会宁府，城邑宫室，无异于中原州县廨宇。制度极草创,居民往来,车马杂遝,……略无禁制。……春击土牛,父老士庶皆聚观于殿侧"*《历代帝王宅京记》*。至熙宗皇统六年(公元一一四六年),"始设五路工匠,撤而新之,规模虽仿汴京,然仅得十之二三而已"*《历代帝王宅京记》*。宣和六年(公元一一二四年),宋使贺金太宗登位时,所见之上京,则"去北庭十里,一望平原旷野间,有居民千余家,近阙北有阜园,绕三数顷,高丈余,云'皇城'也。山棚之左曰'桃园洞',右曰'紫微洞',中作大牌曰'翠微官',高五七丈,建殿七栋甚壮,榜额曰'乾元殿',阶高四尺,土坛方阔数丈,名'龙墀'"*许亢宗《行程录》*,类一道观所改,亦非中原州县制度。其初即此乾元殿亦不常用。"女真之初无城郭,国主屋舍、车马……与其下无异,……所独享者惟一殿名曰'乾元'。所居四处栽柳以作禁宫而已。殿宇绕壁尽置火炕,平居无事则锁之,或时开钥,则与臣下坐于炕,后妃躬侍饮食。"*《大金国志》*。

金初部落色彩浓厚,汉化成分甚微,破辽之时劫夺俘虏;徙辽豪族子女、部曲、人民,又括其金帛、牧马,分赐将帅诸军。燕京经此洗劫,仅余空城。既破坏辽之建设,更进而滋扰宋土,初索岁币银绢,以燕京及涿、易、檀、顺、景、蓟六州归宋。既盟复悔。乃破太原、真定,兵临汴京城下,掳徽、钦二帝北去。所经城邑荡毁,老幼流离鲜能恢复。至征江、淮诸州,焚毁屠城,所为愈酷。终金太宗之世,上京会宁草创,宫室简陋,未曾着意土木之事,首都若此,他可想见。

金以武力与中原文物接触,十余年后亦步辽之后尘,得汉人辅翼,反受影响,乃逐渐摹仿中原。至熙宗即位,稍崇仪制,亲祭孔子庙,诏封衍圣公等。即位之初(公元一一三五年),建天开殿于爻剌，此后时幸，若行宫焉。上京则于天眷元年（公元一一三八年）四月，"命少府监……营建宫室"*《金史·熙宗本纪》*。虽云"止从俭素"，"十二月宫成"，为时过促，恐非工程全部。此后有"明德宫享太宗御容于此，太后所居"；"五云楼及重明等殿成"；又有太庙、社稷等建置。皇统六年，以"会宁府太狭，才如郡制，……设五路工匠，撤而新之"*《大金国志》*。天眷皇统间，北方干戈稍息，州郡亦略有增修之迹，遗物中多有天眷年号者。

自海陵王弑熙宗自立，迄其入汴南征，以暴戾遇刺，为时仅十二年，金之最大建筑活动即在此天德至正隆之时（公元一一四九年至一一六一年）。

海陵既跋扈狂躁，对于营建惟求侈丽，不殚工费，或"赐工匠及役夫帛"，或"杖提举营造官"，所为皆任性*《金史·海陵王纪》*。天德三年，"诏广燕城，建宫室，按图兴修，规模宏大"。贞元元年，迁入燕京，"称中都，以迁都诏中外"。以宋之汴京为南京，大定为北京，辽阳为东京，大同为西京。乃迎太后居中都寿康宫；增妃嫔以实后宫，临常武殿击鞠，登宝昌门观角抵，御宣华门观迎佛；赐诸寺僧绢。园苑则有瑶池殿之成，御宴已有泰和殿之称，生活与其营建皆息息相关。又以大房山云峰寺为山陵，建行宫其麓。正隆元年，奉迁金始祖以下梓宫葬山陵，翌年，"命会宁府毁旧宫殿，诸大族第宅，及储庆寺，仍夷其址，而耕种之"*《金史·地理志》*。削上京号，"称为国中者，以违制论"*《金史·地理志》*。既而慕汴京风土，急于巡幸，于正隆四年（公元一一五九年），复诏营建宫室于南京。

汴京烽燧之余，蹂躏烬毁，至是侈其营缮，仍宋之旧，勉力恢复。"宫殿运一木之费至二千万，牵一车之力至五百人；宫殿之饰，遍傅黄金，而后间以五采。……一殿之费以亿万计；成而复毁，务极华丽。"*《金史·海陵王纪》。但海陵虽崇饰宫阙，民间固荒残自若。"新城内大抵皆墟，至有犁为田处。四望时见楼阁峥嵘，皆旧宫观寺宇，无不颓毁"*范成大《揽辔录》。各刹若大相国寺亦"倾檐缺吻，无复旧观"*范成大《揽辔录》。汴都此时已失其政治经济地位，绝无繁荣之可能。

中都宫殿营建既毕，又增高燕城，辟其四面十二门，广辽旧城之东壁约三里，世宗以后均都于此，与宋剖分疆宇，升平殿富将五十余载，始遭北人兵燹，其间各朝尚多增置，朝市寺观日臻繁盛。

初海陵丞相张浩等，"取真定材木营建宫室及凉位十六"*《金史·地理志》，制度实多取法汴京。皇城周回"九里三十步"，则几倍于汴之皇城，而与洛阳相埒。自内城南门天津桥北之宣阳门至应天楼，东西千步廊各二百余间*范成大《揽辔录》，中间驰道宏阔，两旁植柳。有东西横街三道，通左右民居及太庙三省六部*楼钥《北行日录》。宣阳门以金钉绘龙凤，"上有重楼，制度宏大，三门并立，中门常不开，惟车驾出入"*《大金国志》；应天门初名通天门，"高八丈，朱门五，饰以金钉"*《大金国志》；宫阙门户皆用青琉璃瓦*范成大《揽辔录》，两旁相去里许为左、右掖门。内城四角皆有垛楼。宣华、玉华、拱宸各门均"金碧翚飞，规制宏丽"*《大金国志》。

"内殿凡九重，殿三十有六，楼阁倍之"*《大金国志》。其正朝曰"大安殿"，东、西亦皆有廊庑。东北为母后寿康宫及太子东宫（初称隆庆）*《日下旧闻考》。大安殿后宣明门内为仁政殿，乃常朝之所。殿则为辽故物，其朵殿为两高楼，称东、西上阁门。"西出玉华门则为同乐园，若瑶池、蓬瀛、柳庄、杏村在焉"*《大金国志》，宫中十六位妃嫔所居略在正殿之西；宴殿如泰和、神龙等均近鱼藻池，后苑亦偏宫西，一若汴京。辽时本有楼阁，球场在右掖门南*《辽史·地理志》，经金营建，乃有常武殿等为击球、习射之所*《日下旧闻考》。太庙标名衍庆之宫*《金图经》，在千步廊东。金庭规制堂皇，仪卫华整，宋使范成大，虽云"前后殿屋崛起甚多，制度不经"，但亦称其"工巧无遗力"*范成大《揽辔录》。

中都外城布置，尤为特异。金初灭辽，粘罕有志都燕，为百年计，"因辽人宫阙于内城外筑四城，每城各三里，前后各一门，楼橹池堑，一如边城。……穿复道与内城通"*《金国南迁录》。海陵定都，欲撤其城而止，故终金之世未毁*奉宽《燕京故城考》，见《燕京学报》第五期。世宗之立，由于劝进，颇以省约为务，在位二十九年，始终以大定为年号，世称"大定之治"。即位之初，中都已宏丽，不欲扰民，故少所增建。元年（公元一一六一年）入中都，"诏凡宫殿张设，毋得增置"*《金史·世宗本纪》。三年又敕有司"宫中张设，毋得涂金"，有诏修辽东边堡，颇重守御政策，即位数年，与宋讲好，国内承平，土木之功渐举，重修灾后泰和神龙宴殿，六年幸大同华严寺，观故辽诸帝铜像，诏主僧谨视；有护古物之意。大定七年，建社稷坛；十四年，增建衍庆宫，图画功臣于左右庑，如宋制。十九年，建京城北离宫，宫始称"大宁"（后改寿宁、寿安），即明昌后之万宁宫，章宗李妃"妆台"所在，瑶光台、琼华岛始终为明清宫苑胜地，今日北京北海团城及琼华塔所在也。二十一年，复修会宁宫殿，以甓束其城。二十六年，曾自言"朕尝自思岂能无过，所患过而不改。……省朕之过，颇喜兴土木之工，自今不复作矣"。二十八年盛誉辽之仁政殿之不尚虚华，而能经久，叹曰："今土木之工，灭裂尤甚，下则吏与工匠相结为奸，侵克工物；上则户、工部官支钱、度材，惟务苟办；至有工役才毕，随即欹漏者；……劳民费财，莫甚于此。自今体究，重抵以罪。"*《金史·世宗本纪》。海陵专事虚华，急于营建，且辽、宋劫后，匠师星散，金时构造之工已逊前代巨构甚远，世宗固已知之。

大定之后，惟章宗之世（公元一一九〇年至一二〇八年），略有营造，大者如卢沟石桥，增修曲阜孔庙，重修大同善化寺佛像，及重修登封中岳庙等普遍修缮之活动。赵州小石桥至今仍存，亦为明昌原物 *梁思成《赵县安济桥》，见《中国营造学社汇刊》第五卷第一期。至于中都宫苑之间，章宗建置多为游幸娱乐之所。常幸南园玉泉山、香山。北苑万宁宫尤多增设 *《金史·章宗本纪》。瑶光殿之作，后世称章宗李妃妆台。琼华阁及绛绡、翠霄两殿，亦为大定后所增。"宸妃郑氏又尝见白石，爱而舁归，筑崖洞于芳华阁，用工二万，牛马七百"*《大金国志》，贻内侍余琬以艮岳亡国之讽。章宗末季，南与宋战，北御元军，十年之间，边事愈频，承安之后，已非营建时代。卫绍王即位，政乱兵败，中都被围，"城中乏薪，拆绛绡殿、翠霄殿、琼华阁材分给四城"*《大金国志》。距燕京城破之时（公元一二一五年）已不及三年，卫绍王废，宣宗立，中都危殆，金室乃仓皇南迁。都汴之后，修城葺库，一切从简，无所谓建设。及元代之朝，日臻隆盛，金之北方疆土尽失，复南下入宋，以图自存。迄于金亡，二十年间，中原中部重遭争夺，城邑多成戎烬之余，宋、辽、金三朝文物得以幸存至今者难矣。幸辽、金素重佛法，寺院多有田产自给 *《辽文汇·妙行师行状碑》及《金史·食货志》。易朝之际，虽遭兵燹，寺之大者，尚有局部恢复，而得后代之资助增建者。今日辽宁，河北，山西佛寺殿堂及浮图，每有辽、金雄大原构渗与其中，已是我国建筑遗产重要之一部。

第五节　南宋之临安

靖康变作，二帝被掳，高宗即位于南京（应天府），改元建炎（公元一一二七年，适为金太宗天会五年），迄宋幼帝昺蹈海死（公元一二七九年），为时一世纪有半，是为南宋；后金之亡约四十余年。

建炎三年，金兵愈逼，高宗驻跸杭州，以州治为行宫，下诏罪己，自无心于宫室之营建。且适当金人破徐州，焚扬州，宋虽改江宁为建康府，升杭州为临安府，固未遑定都。及金人再度进迫，高宗出走，如越州，奔明州，又航于海入温州。行迹无定，百司零乱。金兵亦追迹至杭州，破越明，屠潭州。游骑又至平江、常州、镇江焚掠，江南处处尚在破坏中；及韩世忠、岳飞挫金将乌珠于江中，绍兴二年，高宗始又如临安。时军事稍振，臣下颇有建议奠都建康以图恢复者。高宗犹豫，"命守臣具图经画建康行宫"，又"命漕臣即平江子城营治宫室"，而尤属意临安。绍兴五年还临安作太庙；挫岳飞北进之策；乃显然欲早定行宫，以苟宴安，绍兴八年乃定都焉。

高宗诏曰："朕荷祖宗之休，克绍大统，夙夜危惧不常厥居，比者巡幸建康，抚绥淮甸既已……是故复还临安，内修政事，缮治甲兵以定基业。非厌霜露之苦而图宫室之安也……"实则绍兴元年，已诏守臣修内司百间*《行在所录》*。"二年九月，南门成，诏名行宫之门；三年诏梁汝嘉创廊庑于南门之内"*咸淳《临安志》*。四年八月，知临安府，梁汝嘉奏明堂行礼，殿成。此即临安初创时之正殿，盖"凡上寿则曰'紫宸殿'，朝贺则曰'大庆殿'，宗祠则曰'明堂殿'，策士则曰'集英殿'，四殿皆即文德殿随事揭名也"*《行在所录》*。高宗自绍兴初年蓄意议和，受制于秦桧，坐失兵机，迄三十二年禅位于孝宗，自"以秦桧旧地作德寿宫，凿池引水，叠石作山"*《南宋古迹考》*，优游其间，无非皆"图宫室之安"者，园苑建造之频，尤甚于其后诸帝。为太上皇时曾"鳌石池以水银浮金凫鱼于上……指示曰水银正乏，此买之汪尚书家"*《宋史·高宗本纪》*。实不失当艮岳之裔。

南宋宫室制度，初创时因国耻未雪，诸多顾忌，未克任意施展，仅就州城府治兴葺重造，故云"皆从简省"。临安州治本为钱王宫，地址虽较他州宏敞，宋建之正殿，碍于时势，未曾侈大；及增垂拱、崇政"其修广仅如大郡之设厅"。《舆服志》云："其实垂拱、崇政二殿，权更其号而已。殿为屋五间，十二架，修六丈，广八丈四尺。殿南檐屋三间，修一丈五尺，广亦如之。两朵殿各二间。东、西廊各二十间，南廊九间，其中为殿门，三间六架。"*《宋史·舆服志》*。孝宗又以"殿后拥合七间为延和殿，其制尤卑，陛阶一段，小如常人所居"，其"上梁文云：听朝决事，兼汴都延和、崇政之名……"。崇政究与垂拱易名，抑与延和同为一殿，尚待考证。正殿宫阁无多，又随时异额，勉袭汴都旧名，尤显其隘窄。

及和议成，韦太后回銮，"宫中庆典复始"，禁城内外乃年年增建。"绍兴八年，作慈宁宫；绍兴十二年作太社太学；十三年筑圜丘、景灵宫及秘书省；十五年作内中神御殿（钦先孝思殿）；十六年广太庙；十七年作玉津园、太一宫、万寿观……"禁中则营祥曦福宁等殿及后苑堂阁。十八年至二十八年间，曾增筑皇城、外城及宫前丽正门御路，建执政府，筑两相第、太医殿、尚书六府等*《历代帝王宅京记》*。高宗禅位后所辟别宫、园苑及所赐府第、私园，亦多工巧靡丽，但建筑无宏大者。继后各朝所造亭榭及便殿，或为习射、蹴鞠，或揽湖山之胜，多为宫廷宴游而作。偏安一隅之南宋首都，盖风雅有余，气魄不足，非复中原帝京之气象，建筑多水榭园亭之属，大殿无所增置，史志美其名曰"务简约，不尚华饰，以遵祖制"耳。

临安外城"包山距河，故南北长峙"*《南宋古迹考》*。凡十三门，东壁有七门，西壁临湖有四门。其中涌金门为"北宋政和六年重建，颇极壮丽"*《南宋古迹考》*。南北则仅各有一门，南即嘉会门，稍偏西与皇城丽正门引直，北曰"余杭"，亦曰"北关"。外另有水门五。全城"东沿河（钱塘江）西至山岗（凤凰山），自平陆至山岗，随其上下，以为宫殿"*《南宋古迹考》*。形势乃不规则之山城。

"绍兴十八年，名皇城南门曰'丽正'，北门曰'和宁'，东苑曰'东华'……皇城周回九里"*咸淳《临安志》*。南面丽正"其门有三，皆金钉朱户，画栋雕甍，覆以铜瓦，镌镂龙凤飞骧之状，巍峨壮丽，光耀溢目。左右列百官侍立阁子，登闻鼓院、检院相对，悉皆红杈子，排列森然，门禁严甚"*《梦粱录》*。外城之嘉会门，营建亦精，其"城楼绚彩，为诸门冠"。盖南门为御道，"至丽正门计九里三百二十步，皆潮沙填筑，其平如席，以便五辂往来"*《梦粱录》*，过南郊，从此幸郊台也。

自大内北出和宁新路，井市最盛，"南北宝玉珍异、花果时新、海鲜奇品，悉集于此"，一若汴京时之东华门外，和宁门之重要亦乃临安河道及市区地位所使然。门"在仁孝登平坊巷之中。亦列三门，金碧辉映，与丽正同，门外列百僚侍班阁子……"其内因与宫中后殿密迩，故帝后臣僚率多出入于此。"皇后出宫，至祥曦殿，上升龙檐，出和宁门。""皇帝御垂拱殿，提举等官奉迎诸书至和宁门，步导致垂拱殿，各取合进呈……"等 *《南宋古迹考》。

皇城内之宫殿，随事给名，后代改额，不易悉考。前殿建于绍兴四年，行在所录谓之正衙，即文德殿，凡上寿朝贺宗祠策士皆御此殿，故或称紫宸、大庆、明堂、集英。绍兴十二年，增建垂拱"以内诸司地为之"。"殿后有拥舍，孝宗改为别殿，是为延和便殿" *《玉海》卷一六〇。东部丽正门内为东宫。建炎初，"孝宗初育宫中，只造书院于宫门，曰内资善堂……迨为太子……止建厅堂并诸官属从屋……光宗升储，建太子宫门。淳熙二年（公元一一七五年）创射圃为游艺之所。度宗时（几九十年后）更为增广" *《行在所录》。孝宗于乾道初"辟射殿于禁垣之东，名曰'选德'"，及至淳熙五年，"中设漆屏，书郡国守相名氏其上"，图事揆策于此，以示着意军机，周必大被旨撰选德殿记 *《玉海》卷一六〇。殿近东华门，近臣常于此召入。"自北宫门循廊而左，转南为祥曦殿，西接修廊为后殿" *陈随应《南渡行宫记》。而"钦先孝思在崇政之东"。

此外宁福寝殿及后妃等位于后苑偏宫之西部，称为"南内"。"苑中亭殿名称可见者仅有复古殿、损斋、观堂、芙蓉阁、翠寒堂、清华阁、椤木堂、隐岫、澄碧、倚柱、隐秀、碧琳堂之类……" *《宋史·舆服志》。宁福殿后改为寿康宫，光宗逊位后居之。复古殿，损斋均高宗所常御,为其观摩书画玩器之处;观堂建于山顶,盖"碧琳堂近之一山崔嵬作观堂为上焚香祝天之所"*陈随应《南渡行宫记》。芙蓉阁则在山背,"翠寒堂以日本国松木为之,不施丹艧,白如象齿,环以古松"*陈随应《南渡行宫记》。澄碧殿位置近官池,"淳熙二年孝宗曲宴宰执……至一小亭中,前有大池,潆水平岸,其下为石渠贯亭,以函启闸,奔流入渠,其声如雷,上曰:'朕于饮食、衣服、宫室务从简俭,至所喜者惟此水尔……'"*《宋会要辑稿》。内苑大略如此,实皆高宗所建饰,孝宗以后少有增置。

慈宁殿亦曰慈宁宫,为高宗因太后有归期而建,"上谓辅臣曰:行宫地步窄隘,今营建太后宫,抵是依山因地势修筑……"其址当在皇城前部西面山地一带。后易名慈福、慈寿,仍为各朝太后所居之殿也,宁宗开禧二年焚。

南宋内苑御园之经营,借江南湖山之美。继艮岳风格之后,着意林石幽韵,多独创之雅致,加以临安花卉妍丽,松竹自然。若梅花、白莲、芙蓉、芍药、翠竹、古松,皆御苑之主体点缀,建筑成分反成衬托。所谓堂与亭者最多,皆为赏玩花木,就近营建,如为古梅题匾曰"冷香",石曰"芙蓉",又为蟠松作清华堂,荼藦作清研亭,皆此之类也。高宗究心艺事,内禅后尤多闲情逸致,所营德寿宫苑内万岁桥,"桥长六丈,并用吴璘进到玉石甃成,莹澈可爱。桥中心作四面亭,用新罗白木建造,极为雅洁。大池十余亩,皆种千叶白莲"*乾淳《起居注》。

德寿宫"在望仙桥东,高宗倦勤,即秦桧旧地筑新宫……内禅后遂移仗居焉。都人称为'北大内'。凿大池,续竹笕数里,引湖水注之。其上垒石为山,象飞来峰,有堂名'冷泉',楼名'聚远'。又分四地为四时游览之所"。其中布置精雅，花木泉流，多有匾额亭榭之名，尤为新颖。至孝宗禅位亦居之，改名重华宫*《南宋古迹考》。

外御园有玉津、聚景（东园）、富景（西园）、集芳、屏山诸园，玉津园为帝王较射之所，在嘉会门南四里洋泮桥侧，清时在杭州龙华寺后，犹得见。淳熙八年、十年驾幸玉津园，韩彦直等扈从题名，俱正书摩崖。聚景园之南门在清波门外，北门在涌金门外，西湖之东岸也。亭宇皆孝宗御匾，尝请两宫临幸，后光宗、宁宗亦皆奉太后同幸。乾淳《起居注》云："淳熙六年……幸此园，太上太后至会芳殿降辇，上及皇后至翠光降辇，并坐瑶津西轩入御筵……遂至锦壁赏大花。牡丹约千余丛，又至清辉少歇，由翠光登御舟入湖……泊花光亭，仍至会芳少歇还内。"*乾淳《起居注》。其布署略可窥见。富景以芙蓉临池秀发，高孝两朝尝登龙舟卧看，建筑不详。集芳在葛岭，前临湖山，园归太后，藻饰甚丽，诸匾皆高宗御题。屏山园在钱湖门外，正对南屏，又名翠芳。理宗"开庆初，内司展建东至希夷堂，直抵雷峰山下……水环五花亭外"，"内有八面亭"，其建筑显为纤细亭榭之属*《南宋古迹考》。

其他如庆乐园，光宗曾以赐韩侂胄，后复归御有。内多古桂，亦有"十样亭榭，工巧无二。射圃、走马廊、流杯池、山洞，堂宇宏丽，野店村庄，装点时景"，谢太后府园歇凉亭之布署则尤着重滨湖亭馆之建筑。"有眉寿堂、百花堂、一碧万顷堂、湖山清观，皆宏丽特甚……地宅百余间，后为元帅夏若水所居……元夕放灯，上下辉映"。高宗所赐杨存中之水月园，其中之水月堂"俯瞰平湖，前列万柳"，亦为近水堂榭，西湖园苑之特征也*《南宋古迹考》。

南宋宫中殿宇无宏大之作，禁御则皆亭榭窈窕，曲径通幽，为优游忘世，高雅情绪之所托。其配属实创园亭设计之另一意识。北宋洛阳诸园本已渐有江南气息，倾向雅素，避脱侈丽之作，着重自然之美。宫苑中延福开其端，艮岳继其后，因无天然湖山之便，蔡京用朱冲父子，以人工兴筑，致成花石之扰，反病奢狂。高宗定都临安，以园苑论，实得山川之助，继艮岳之态，造成庭园建筑之佳例。吴中则自政和以后，进奉花石，开始叠假山之风，为之者愈多。其著者如光宗时之俞澂所作石山，秀拔有奇趣*《哲匠录》。见《中国营造学社汇刊》第四卷第三、四期。。

南宋建筑每单位之结构本嗣北宋崇宁格式。绍兴初"平江郡守王晚承兵火之余，兴葺官署学校，不遗余力，又重刊《营造法式》，即世所称绍兴本者，故其兴作犹遵奉汴梁遗法"*刘敦桢《苏州古建筑调查记》。见《中国营造学社汇刊》第六卷第三期。。证之今日江南最大南宋殿宇，苏州玄妙观之三清殿亦可识其大略，"此殿自南宋淳熙六年重建后，迄今七百五十余年，虽迭经修治，然迄无再建之纪录"*刘敦桢《苏州古建筑调查记》。见《中国营造学社汇刊》第六卷第三期。。

王晚究心艺事，尤重建筑。平江府治"北垣之齐云楼，循城为屋，轮奂雄特，一时称最。吴人至谓兵火之后，惟王晚重建此楼，差胜旧制"*刘敦桢《苏州古建筑调查记》。见《中国营造学社汇刊》第六卷第三期。。此盖与滕王阁、黄鹤楼、岳阳楼等同一性质之城上台观也。其下为府治宅堂北之斋园，亭轩柱廊亦皆晚之经营。绍兴十五年，又绘大成殿两庑，刱讲堂，辟斋舍。十六年重作圆妙观两廊"画灵宝度人经变相。召画史工山林人物楼橹花木各专一技者，分任其事，极其工致"*光绪《苏州府志》卷四四。。晚与梁汝嘉先后直宝文阁，皆监修平江府治及临安行官最力者，北宋建筑遗法之得以传播江南，唤尤有功焉。盖当时民间建筑严受限制，"凡庶民家不得施重栱、藻井及五色文采为饰，仍不得四铺飞檐。庶人舍屋许五架门，一间、两厦而已"。微官府不时兴修，建筑艺术及法式最易废弛。董其役者，既以旧法为重，则技术虽有演变，系统究不中断。

宋代陵寝依其分布，可别为三区。"保定诸陵，皆开国后追建者；巩县为太祖、太宗以下诸帝后之陵及乾德间徙建之宣祖安陵，在宋陵中规模最为宏巨；最后为南渡诸帝之陵，权厝于会稽宝山，称为'攒宫'，示异日恢复中原，归葬巩洛也"*陈仲箎《宋永思陵之初步研究》*。

北宋陵寝北域悉围以竹篱，谓之"篱寨"。篱寨有内外之别，外篱在前。建有神御殿、斋宫、东西序、神厨、库室、公宇等，位在山陵下，故称"下宫"。"外篱之后为内篱，其范围包括石象生、献殿、陵台，谓之上宫。"上宫为陵之主体，其平面布置系"于南端建有鹊台，次乳台，次象生，次神墙，每面各辟一门，门内更为正方形之陵台，其下即帝后埋骨所也"*陈仲箎《宋永思陵之初步研究》*。

南宋攒宫制度，比之巩县诸陵则大小悬殊，不可同日而语；然除象生、陵台数者外，其上下二宫，犹能具体而微，遵奉旧制。诸帝攒宫，凡所设施，乃参酌时宜，适合南渡后之物力，故废象生神墙及方上陵台，而藏梓宫于上宫献殿之后，为龟头屋覆之。明、清方城明楼之制，或即由此演变，而又另成形制，盖亦迥然与古代陵墓布署不同。此实研究我国陵墓沿革之可注意者。

永思陵者，高宗之陵也。建于孝宗淳熙十四年（公元一一八七年）冬，至翌年春季落成。陵之规模及间架尺寸，与彩画、瓦饰材料，见于周必大《思陵录》者异常详密*陈仲篪《宋永思陵之初步研究》。"下宫之构成，系以前后殿与殿门回廊为主体，其外周以围墙一重，外复以竹篱绕之"。上宫部分，其外亦有篱门，内有红灰墙，周回六十三丈五尺，叠砌"鹊台"两堵。内为殿门，面阔三间，其内为火窑子，更内为献殿。"殿面阔三间，为上宫之主体，其后附龟头屋三间，设皇堂石藏子，置梓宫于内。殿外绕以砖砌之阶，施勾栏十七间，正面设踏道。"《思陵录》中关于结构尺寸甚详，尤以大木方面，柱高与开间面阔之比例等，对于宋代结构式样研究极有俾助，故洵足宝异也。